PAGES DE GLOIRE
DE LA DIVISION
MAROCAINE
1914 1918
LIBRAIRIE MILITAIRE CHAPELOT

« C'est pour celà que nos soldats sont les premiers du monde et qu'on ne peut les voir sans les admirer, les regarder sans leur sourire, les commander sans les aimer ».

(Discours du Maréchal JOFFRE à l'Académie Française).

Au cours de l'année 1918 la Légion Étrangère a reçu la double fourragère aux couleurs de la Légion d'honneur et de la Croix de Guerre, et les autres régiments la fourragère rouge.

C'est la première Division de l'Armée française dont tous les régiments d'infanterie ont porté la fourragère rouge.

Sans Peur et sans Pitié
DIVISION MAROCAINE
NOS
MORTS,
HÉROS
DE LA DIVISION MAROCAINE
TOMBÉS sur la TERRE de FRANCE
AUX BRAVES
QUI ONT EU LA GLOIRE D'EN
CHASSER L'ENVAHISSEUR
Ce Livre est Dédié
LA DIVISION MAROCAINE A ÉTÉ CITÉE
le 22 septembre 1914 à l'Ordre de la IXe Armée
le 10 mai 1915 à l'Ordre des Armées
le 25 octobre 1915 à l'Ordre du Groupe des A. du C.
LA MARNE
Septembre 1914
FERME D'ALGER
30 décembre 1914
ARTOIS
9 mai. 16 Juin 1915
CHAMPAGNE
25 sept. 1915. 17 avril 1917
SOMME
1er Juillet 1916
VERDUN
20 août 1917

PAGES DE GLOIRE
DE LA
DIVISION MAROCAINE

MARNE Mondement
ARTOIS 9 mai 1915
CHAMPAGNE 25 Sept. 1915
17 Avril 1917
SOMME 4 Juillet 1916
VERDUN 20 Août 1917

« *(Pas plus que) le son ne redeviendra farine,*
L'Allemand ne redeviendra un ami sincère. »

L'ARRIVÉE EN FRANCE

DISPERSÉES au hasard des colonnes, absorbées par les glorieux combats de Khenifra et de Taza, les troupes du Maroc n'avaient perçu des graves événements qui, en juillet 1914, se déroulaient en Europe, qu'un écho affaibli. L'ordre de mobilisation générale les surprit en pleine lutte ; ce fut pour ces troupes, que leur ardeur guerrière avait, sous la conduite habile et vigoureuse du général Lyautey, entraînées dans les profondeurs du Moghreb, un enthousiasme indescriptible.

Mais bien vite à cet enthousiasme une inquiétude se mêla : quelles seraient les unités qui, les premières, auraient l'honneur d'aller se battre contre l'Allemagne ? Car, on le savait bien, toutes ne pouvaient partir ; et entre les bataillons se créa une jalouse mais noble rivalité.

Finalement treize bataillons furent élus, qui, sous les regards d'envie de leurs camarades, s'embarquèrent à Oran, Casablanca, Mahedia, et, par Cette, furent dirigés sur Bordeaux où se constituait, sous les ordres du général Humbert, la 1re Division du Maroc.

Elle comprenait deux brigades : la 1re, sous le commandement du général Blondlat, se composait d'un régiment colonial, lieutenant-colonel Pernot, à trois bataillons, commandants Coup, Vincent et Garelly, et d'un régiment de zouaves, lieutenant-colonel Lévèque, également à trois bataillons, commandants Lagrue, Randier et Burkart.

La 2e brigade, sous les ordres du colonel Cros, comprenait un régiment de tirailleurs venus du Maroc occidental : 1er bataillon du 5e tirailleurs, commandant Britsch ; 4e bataillon du 7e tirailleurs, commandant de Ligny ; 5e bataillon du 4e tirailleurs, commandant Tisseyre, et un régiment mixte venu du Maroc oriental, lieutenant-colonel Fellert : 1er bataillon du 2e tirailleurs, commandant Mignerot ; 4e bataillon du 2e tirailleurs, commandant Sauvageot ; 3e bataillon du 6e tirailleurs, commandant Clerc ; 3e bataillon du 2e zouaves, commandant Modelon.

L'artillerie de la Division, lieutenant-colonel Ducros, était constituée par un groupe de marche, sous les ordres du commandant Turpin, 1re et 2e batteries du 4e groupe d'artillerie de campagne d'Afrique et 2e batterie du 8e groupe d'artillerie de campagne d'Afrique, et par un groupe de deux batteries du 3e régiment d'artillerie coloniale, sous les ordres du commandant Martin.

Enfin la 19/2, venue, elle aussi, du Maroc avec le capitaine Quinson, formait la compagnie divisionnaire du génie.

L'OFFENSIVE VERS LA BELGIQUE

LE REPLI

L'ENTRÉE EN BELGIQUE

Le 16 Août la Division Marocaine quitte Bordeaux ; le 18 elle débarque dans la région de Tournes (Ardennes).

Quelques bataillons, après avoir, sous les acclamations de la foule, traversé Mézières en fête, par Cons-la-Grandville, entrèrent en Belgique ; d'autres n'eurent pas le temps de passer la frontière car la retraite commençait déjà.

Mais pour le baptême du feu, tous étaient à leur poste.

LA FOSSE-A-L'EAU

28 Août 1914.

Ce fut le 28 Août à la Fosse-à-l'Eau. L'ennemi débouchait de la forêt de Signy-l'Abbaye; ordre fut donné à la Division d'arrêter sa marche. Alors zouaves et tirailleurs — en larges culottes blanches, ceinture bleue ou rouge, chéchia écarlate, — chargèrent l'ennemi, comme ils avaient l'habitude de le faire au Maroc, loyalement, à découvert, les officiers en tête. Et si impétueux fut leur élan, si héroïque leur charge que l'ennemi plia et que la première rencontre fut une première victoire.

Lorsque dans la nuit, sur ordre, la Division quitta la Fosse-à-l'Eau, l'ennemi n'osa pas la poursuivre et ce n'est que le lendemain, tard dans la matinée, que les Allemands lancèrent leurs colonnes d'assaut sur les ruines du village de Launoy.

Le choc avait été rude. Sabre à la main, chargeant héroïquement à la tête de leurs bataillons, les commandants Clerc, Britsch, Mignerot et Sauvageot étaient tombés. Le capitaine Muller, mortellement atteint, passe à un tirailleur les papiers de sa compagnie; celui-ci tend la main droite, une balle lui brise le poignet; alors tranquillement le tirailleur prend de la main gauche les papiers précieux, et va les porter à son lieutenant avant de songer à se faire panser.

L'artillerie avait pris à la lutte une part active; jusque sur la crête de la Fosse-à-l'Eau, ses batteries étaient venues se mettre en position, presque mêlées aux premières lignes d'infanterie.

BERTONCOURT

Le 30 Août 1914.

Cependant, c'est encore à la Division Marocaine qu'est confiée, le 30 août, la mission de retarder l'envahisseur devant Rethel et de permettre à l'armée de Langle de Cary le tranquille passage de l'Aisne. Trois fois, coloniaux et tirailleurs attaquent Bertoncourt, trois fois ils pénètrent dans le village en flammes. Devant leur contenance héroïque, l'ennemi s'arrête, l'armée de Langle franchit l'Aisne et à son tour, la Division Marocaine traverse la rivière entre Seuil et Amagne, protégée elle-même par les bataillons de Ligny et Tisseyre.

EN ATTENDANT L'ASSAUT

Dans un coin de tranchée hâtivement creusée pendant la nuit sur les positions conquises, deux poilus attendent le signal qui les fera bondir en avant. Indifférents aux obus qui arrivent, ils admirent le ciel embrasé et suivent des yeux le barrage roulant qui précède l'attaque.

ALINCOURT

1er Septembre 1914.

Le 1er septembre nouveau combat, c'est Alincourt où les batteries, malgré leurs lourdes pertes (le commandant Turpin était tombé à son poste d'observation), ne quittent leurs positions qu'à la dernière minute avec les arrière-gardes d'infanterie. Et la retraite continue. La craie blanche, les petits bois de sapins, les maisons à toits rouges de Champagne remplacent les bois sombres et les verts pâturages des Ardennes. En une matinée, la montagne de Reims est franchie entre Ludes et Tauxières; et l'on recule toujours: Tours-sur-Marne, La Fère-Champenoise, Vertus...

Mais si grande est la foi de tous en des jours meilleurs, si vive, chez coloniaux, zouaves ou tirailleurs la conscience de leur valeur intacte, que, malgré les étapes interminables, les nuits sans sommeil, les ravitaillements insuffisants, malgré la tristesse navrante des longs convois d'émigrés qu'ils croisent sur les routes, fuyant l'envahisseur, malgré les villages en flammes qui tous les soirs illuminent la plaine, pas un instant le découragement ne les effleure.

LA MARNE - MONDEMENT

Le 4 septembre, la Division cantonne aux environs de Broussy-le-Grand. Un vague bruit circule qui se confirme bientôt et trouve chez tous un écho joyeux : c'est l'ordre immortel du général Joffre :

« *Au moment où s'engage la bataille d'où dépend le salut*
« *du Pays, il importe de rappeler à tous que le moment n'est*
« *plus de regarder en arrière.*
« *Tous les efforts doivent être employés à attaquer et à*
« *repousser l'ennemi. Une troupe qui ne peut plus avancer*
« *devra, coûte que coûte, garder le terrain conquis et se faire*
« *tuer sur place plutôt que de reculer. Dans les circonstances*
« *actuelles, aucune défaillance ne peut être tolérée.* »

Certes, la Division Marocaine qui, trois fois déjà au cours de la retraite, avait fait front à l'adversaire et par sa contenance héroïque et la rudesse de ses assauts, était parvenue à arrêter un instant sa marche victorieuse,

« *Ne songeait pas à regarder en arrière* ».

Aussi de quel cœur va-t-elle s'employer à la besogne sainte à laquelle elle est conviée !

Les 6, 7 et 8 septembre ce sont les combats de Coizard, d'Oye, de Reuves et les trois assauts victorieux sur Saint-Prix, combats qui, avec celui de Mondement, resteront une page glorieuse pour nos artilleurs, fidèles à leur poste malgré les lourdes pertes (une batterie se trouvait réduite à une pièce) que leur faisait subir le feu des obusiers allemands.

Le 9, c'est, sous un bombardement effroyable, la résistance acharnée aux attaques allemandes sur Saint-Prix, c'est Mondement, abandonné un instant sous la pression de l'adversaire, battu en brèche, presque à bout portant, par une section de la batterie Arnaud et bientôt repris par un assaut magnifique, Mondement, « la clef, le point d'amarrage auquel nous avons pu rétablir notre fortune compromise » ; puis ce sont les marais de Saint-Gond, « tombeau de la Garde prussienne » et le 10, c'est l'ennemi s'enfuyant en désordre :

« *C'est la Victoire de la Marne.* »

Dans sa narration de ces jours critiques, le général Foch a écrit : « La Division Marocaine occupe Mondement, le château et les bois. Il faut qu'elle y tienne à tout prix, la bataille va pivoter autour de cet axe. La fortune a voulu que la Division Marocaine fût là ! »

Le brave colonel Fellert, que l'on avait coutume de voir sur son cheval gris, parcourir, la pipe aux lèvres, les lignes de ses tirailleurs, était tombé. Le médecin divisionnaire Baur avait été tué dans le château même de Mondement ; bien d'autres étaient restés dans le parc du château et dans les bois environnants.

L'héroïsme de la Division Marocaine au cours de ces terribles journées était consacré par l'Ordre Général suivant du Général Humbert.

IXᵉ ARMÉE

Division du Maroc

Bannes, le 10 Septembre 1914

ORDRE GÉNÉRAL Nº 40

Le Général Joffre, commandant en Chef les Armées Françaises a félicité le Général Foch Commandant la IXᵉ Armée, de la Victoire remportée hier.

Le Général Foch a bien voulu venir lui-même remercier le Général Humbert des efforts fournis par la Division du Maroc, à qui il attribue l'honneur et le succès de la journée.

Il était, en effet, essentiel de tenir à outrance sur les positions autour de Mondement, car si l'ennemi les avait forcées, il aurait atteint le rebord de la Falaise de Champagne. De ces hauteurs, il aurait pu infliger à notre Armée un désastre.

La fermeté des troupes de la Division du Maroc a donc été la condition de la Victoire.

Le Général Humbert est heureux de transmettre aux troupes sous ses ordres le précieux témoignage d'estime qui est donné par le Généralissime et le Général commandant l'Armée à leur belle vaillance.

Il les remercie personnellement des sacrifices qu'elles ont si glorieusement consentis pour le salut de la France.

Il éprouve la plus grande fierté d'avoir l'honneur de les commander.

Il salue avec émotion les camarades dont la mort glorieuse a été le prix de la Victoire et il est convaincu que tous, Officiers et soldats, redoubleront encore de courage, si possible, pour les venger et chasser hors de notre pays l'odieux ennemi qui l'a envahi.

Signé : HUMBERT.

LA POURSUITE

MAIS si la Division songe à ses morts, ce n'est que pour les venger ; dès le 11, elle commence la poursuite. Le 12, elle franchit la Marne à Bisseuil, le 13, la brigade Blondlat reprend le contact avec l'ennemi et le chasse de Beaumont, le 14, Prunay est repris et l'ancienne chaussée romaine, qui prolonge la route de Cambrai, est atteinte entre la route de Beine et les Marquises.

Cependant l'ennemi commence à s'enterrer ; il se protège par d'épais réseaux de fil de fer contre lesquels est impuissant le plus sublime courage. Malgré des efforts répétés, la Division ne peut le déloger de la rive Nord de la Vesle.

D'ailleurs, elle est épuisée par l'héroïque effort soutenu pendant un mois ; il va falloir la réorganiser.

C'est la fin de la première phase de la glorieuse histoire de la Division Marocaine.

LA RÉORGANISATION

Le 1er octobre 1914, tous les éléments de tirailleurs sont groupés en un seul régiment, le 7e tirailleurs de marche, qui, sous les ordres du lieutenant-colonel Tisseyre, d'abord, puis du lieutenant-colonel Lévèque, va former avec le 8e zouaves, lieutenant-colonel Modelon, la 2e brigade. Le colonel Cros est toujours à la tête de la 2e brigade.

Les troupes coloniales nous quittent, appelées à une autre destination ; la 1re brigade, colonel Lavenir, va être reconstituée avec le 4e tirailleurs et le 2e régiment de marche du 1er Etranger.

Lorsque le 24 novembre, le 4e tirailleurs débarque à Mailly-Champagne, avec ses trois bataillons Cot, Toupnot, Métois, il apporte avec lui un passé déjà riche de gloire ; il s'est battu à Charleroi avec la 38e division d'infanterie ; en septembre, il a, sur les plateaux de Pargny et de Paissy, résisté victorieusement aux attaques allemandes ; enfin, le 6 novembre, à Soupir, sous les ordres du lieutenant-colonel Daugan, il s'est distingué par sa vaillance à l'attaque.

Quant au régiment de Légion, ses quatre bataillons, Drouin, Muller, Noiré, Collet, viennent d'être formés à Lyon, Avignon et Bayonne avec des volontaires étrangers et un fonds de la Légion d'Afrique.

Lorsqu'au mois d'octobre, ils arrivent dans la région de Reims, ils n'ont pas encore eu l'honneur d'être engagés — mais les volontaires se sont enrôlés pour défendre la juste cause de la France ; — ils sont pleins d'enthousiasme et, comme les vieux légionnaires dont ils ont l'esprit d'héroïsme, « la haine du Boche les anime ». Le colonel Pein est leur chef.

L'artillerie, renforcée de la 2e batterie du 9e groupe d'Afrique, et, plus tard d'un troisième groupe de marche, sous les ordres du commandant Bastide, 22e et 23e batteries du 29e régiment d'artillerie coloniale, se réorganise et perfectionne son instruction sous l'énergique impulsion du commandant Martin.

Ainsi est reconstituée — sous les ordres du général Blondlat — la Division Marocaine.

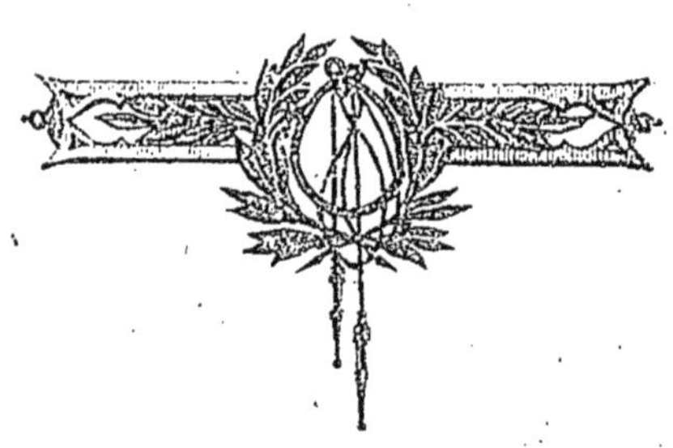

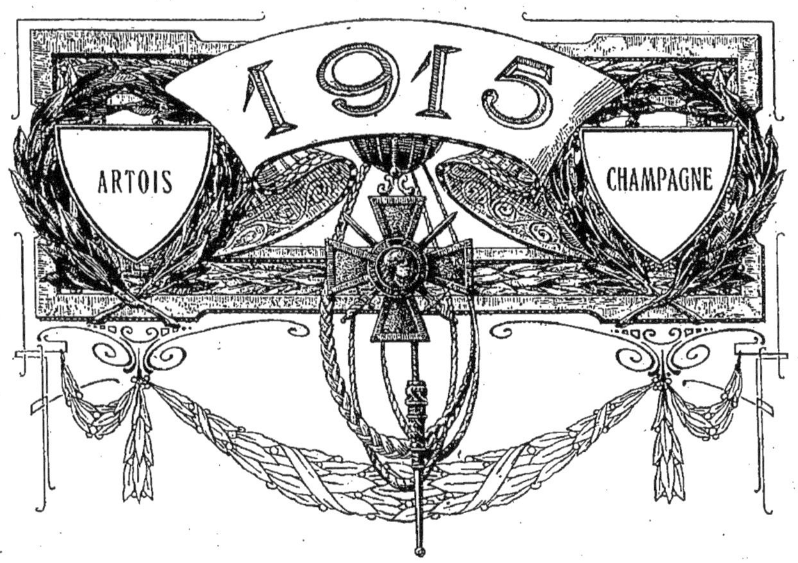

LA BELGIQUE

LA GRANDE DUNE

28 Janvier 1915.

MAIS avant même qu'elle soit au complet, une première séparation lui est imposée. La 2e brigade part le 11 novembre pour aller en Belgique.

La lutte est âpre. — C'est la course à la mer et l'ennemi cherche à nous devancer. — Dès le 16 novembre, le 8e zouaves, engagé au nord de Bœsingue, reprend dans un geste magnifique, le Bois Triangulaire (bataillon Randier).

Le 28 janvier, le 7e tirailleurs lancé à l'attaque de la Grande Dune, s'en empare (bataillon Saquet). Et si grande est la vaillance de tous à l'assaut, si héroïque, dans la boue glacée des tranchées, la contenance des zouaves et des tirailleurs devant les attaques répétées de l'ennemi, que le corps de cavalerie (de Mitry) auquel la 2e brigade est momentanément rattachée, ne peut s'empêcher, dans le plus élogieux des ordres, de lui manifester toute son admiration.

Le 10 février, la 2e brigade regagnait le secteur de Sillery, où, avec peut-être moins de gloire mais non moins de succès et de bravoure, la 1re brigade tenait en respect l'ennemi.

LA FERME D'ALGER

Le 4e tirailleurs occupe la ferme d'Alger. C'est le règne de la guerre de mines, de cette terrible guerre souterraine qui semblait la moins faite pour des tirailleurs accoutumés à combattre en pleine lumière, et que néanmoins ils menèrent si brillamment et avec un tel esprit de sacrifice que, de ce coin arrosé de leur sang, le souvenir leur est resté cher comme celui d'une petite Patrie.

Les explosions succédaient aux explosions. Le 30 décembre, l'une d'elles, plus violente que les autres, engloutit une moitié de la compagnie Jean, et sur les décombres qui avaient enseveli leurs camarades, les tirailleurs survivants trouvent assez de ressort et d'énergie pour repousser à la baïonnette l'ennemi, qui avait l'audace de les attaquer.

Le lieutenant-colonel Daugan, commandant le régiment, est blessé d'une balle au front.

BOIS DES ZOUAVES

22 Décembre.

Le 4e tirailleurs ne se contente pas de tenir l'ennemi en respect ; le 22 décembre, il l'attaque jusque dans ses propres retranchements du bois des Zouaves (bataillon Cot), et cette diversion permet à son voisin, le régiment de Légion, d'avancer ses lignes de plus de 1.500 mètres au nord de Prunay.

MARS-AVRIL 1915

Toute la Division est maintenant regroupée. Elle vient de recevoir une nouvelle compagnie du génie, compagnie 5/15 territoriale, capitaine Letheux. Elle tient le vaste secteur qui s'étend entre les Marquises et la Croix de la Pompelle. Vainement le 1er mars, devant la ferme d'Alger et le saillant de Beine, l'ennemi renouvelle ses assauts. Il ne peut rien contre la Division qui, consciente de sa force, attend avec impatience l'heure où elle pourra donner sa mesure. Elle s'est aguerrie ; elle a amalgamé ses éléments nouveaux ; entre zouaves, tirailleurs, légionnaires, artilleurs, dont les origines sont disparates comme les numéros, mais que réunissent déjà un égal passé de gloire et la même ardeur guerrière, est née la camaraderie la plus vraie, l'affection la plus sincère. Un véritable « esprit de Division » s'est formé, à qui la Victoire va apporter la plus haute des consécrations.

*« Grave sur le sable les faits sans importance,
mais incruste en lettres d'or sur le marbre
ceux dont tu veux perpétuer le souvenir ».*

EN ARTOIS

LE 9 MAI — LA COTE 140 (1)

Le 25 avril 1915, la Division est enlevée de Champagne par chemin de fer pour une destination inconnue : les Dardanelles, l'Yser, l'Alsace ? Que ne disait-on ? On pressentait quelque chose de grave, mais on était heureux, on quittait les tranchées, pour toujours pensait-on, et dans tous les trains ce n'étaient que rires et chants.

Les trains débarquèrent la Division près de Saint-Pol en Artois, qui était la première destination ; la deuxième, c'était la cote 140 à atteindre le 9 mai.

(1) Les pages relatives aux 9 mai, 16 juin et 25 septembre 1915 sont un résumé de récits fait par le capitaine Chevallier, capitaine breveté à l'E. M. de la Division, où il a rendu les plus grands services pendant plus de trois ans.

La Division Marocaine était rattachée au 33e corps que commandait le général Pétain. Jamais préparation d'attaque ne fut entreprise avec si joyeuse ardeur. Il fallait creuser des boyaux, des bataillons entiers y travaillaient; on créait à la hâte des sapes de départ, des abris de commandement, des postes de secours; en huit jours on mettait sur pied des équipes de pionniers, des signaleurs; on organisait les liaisons, les approvisionnements, les évacuations. Que ne fait-on avec du cœur et de la confiance? Or, ni l'un ni l'autre ne manquaient : « Mes hommes partiront sans sacs, pour mieux courir », disait le colonel Pein; « si leurs vêtements les gênaient, ils iraient tout nus, mais ils sauteront sur la cote 140 ».

Le 9 mai, 6 heures. Le canon commence à faire entendre sa voix; elle croît, elle s'enfle, c'est un déchaînement qui durera jusqu'à 10 heures, interrompu seulement quelques minutes avant l'assaut comme pour reprendre haleine.

10 heures. Des tranchées, la ligne bondit littéralement, elle surgit au son de la charge; à droite, successivement les bataillons Noiré, Muller, Gaubert, du régiment Cot, à gauche les bataillons Jacquot, Toulet et Des Garniers, du régiment Demetz.

C'est la ruée! La lutte d'homme à homme, car le canon n'a pas fait ce qu'il fait de nos jours; l'ennemi n'est pas détruit, les balles sifflent de tous côtés, les mitrailleuses crépitent de rage.

Déjà, à la Légion, les commandants Noiré, Muller et Gaubert sont tués et les capitaines Lehagre, Boutin, Jourdeuil, Osmont et tant d'autres, au 7e tirailleurs, le commandant Jacquot, les capitaines Rigault, Guérin, Gresle. Le lieutenant-colonel Cot, commandant la Légion, est blessé.

Mais qu'importe! nos hommes ont un but: la cote 140, ils iront. Vieux légionnaires qui trouvent le champ libre à leur traditionnelle ardeur, volontaires tchèques, suisses, belges, grecs, polonais qui ont arboré le drapeau national, et qui réalisent enfin le rêve qui les a guidés jusqu'à nous; tirailleurs, pareils à une meute découplée, tous se donnent avec le même entrain; ils franchissent les fils de fer, encore intacts en certains endroits, courent aux deuxièmes lignes, laissant des grappes devant les mitrailleuses qui résistent. La vague passe; derrière elle, les nettoyeurs de tranchées jouent du couteau, du revolver, de la grenade.

C'est le carnage au milieu duquel, tout à son ministère on voit l'un des aumôniers, l'abbé Gas, courir, bénissant les vivants et absolvant les mourants, sans remarquer les nettoyeurs qui le suivent, comme s'ils attendaient que l'absolution ait couvert les Allemands qu'ils vont occire.

Il semble qu'alors, comme dans une des farandoles d'Arles, où les danseurs entraînent dans leur mouvement toute une suite emballée, la ruée de l'avant attire jusqu'aux éléments les plus éloignés de la Division.

Les commandants de division et de brigade se sont portés en avant, les bataillons de réserve hâtent leur mouvement, les reconnaissances d'artillerie s'élancent bientôt, suivies des batteries du groupe Terrial d'abord, du groupe Chanson ensuite, étonnées et joyeuses de retrouver le grand air après plusieurs mois de stagnation ; les T. Ç., les échelons se mettent en branle. On sent que la Victoire nous tend les bras.

En vain l'ennemi résiste, en vain les feux croisés des mitrailleuses de Neuville-Saint-Waast, de la Folie, de Souchez creusent dans nos rangs de sanglants sillons, les réserves les bouchent, et irrésistiblement le flot monte le long des pentes de la cote 140 ; il balaie tous les obstacles, il arrive au sommet. Il est 11 heures 30. L'objectif est atteint.

Une patrouille de tirailleurs, commandée par le sergent Bouziane, poursuit l'ennemi jusque dans Givenchy.

Mais l'exaltation de la lutte, 4 kilomètres 500 franchis en 1 heure 30, ont mis nos hommes à bout de force physique ; sur la crête toutes les unités sont mélangées ; au premier rang, le colonel Cros, commandant la 2e brigade, le lieutenant-colonel Demetz, commandant le 7e tirailleurs dirigent la lutte de tous les éléments regroupés, mais les pertes sont lourdes ; le colonel Pein, entr'autres, est tombé mortellement frappé en menant personnellement sa brigade à l'attaque. Aussi lorsque l'ennemi appuyé par l'artillerie qu'il a pu amener derrière le bois de la Folie, contre-attaque dans l'après-midi, nous sommes obligés, sous sa poussée, de nous reporter quelques centaines de mètres en arrière de la cote 140.

Les zouaves du lieutenant-colonel Modelon, qui arrivent entre 15 et 17 heures, le 4e tirailleurs, sous les ordres du lieutenant-colonel Daugan, qui rejoint à la tombée de la nuit, ne peuvent que relever les unités de tête épuisées. En vain, le 10, tentent-ils d'obtenir un deuxième succès, l'ennemi a réussi à se rétablir, et de nouveaux deuils frappent la Division. Le commandant Toupnot, du 4e tirailleurs, est grièvement blessé ; le colonel Cros, commandant la 2e brigade, le brave des braves, est tué au milieu de ses hommes, et l'aumônier divisionnaire, l'abbé Dubreuil, qui avait atteint la cote 140 avec les premiers éléments, y était tombé sans qu'il fût possible de ramener son corps.

Mais, bien que la fin de la journée n'ait pas répondu aux vastes espoirs du matin, le 9 mai n'en reste pas moins une des pages les plus glorieuses de la Division, que chacun connaît chez nous, et dont il parle avec un souvenir ému. C'est une date que nous avons soulignée du sang de nombreux camarades, mais c'est la date aussi de la première offensive, où le Boche ait mordu la poussière. C'est pourquoi deux fois déjà, nous en avons fêté l'anniversaire, en la consacrant « Fête de la Division ».

LE 16 JUIN

A peine quelques jours de repos dans la région de Tinques-Chelers, et le 26 mai la Division Marocaine est ramenée dans les tranchées au Sud de Souchez. Des renforts sont arrivés, un peu jeunes peut-être, mais à qui on montrera sur place ce qu'ils ont à faire — car la Division va être appelée à donner sa mesure. Elle a pour objectif la cote 119. A sa gauche, la 77e division doit attaquer Souchez, à sa droite, le 9e corps, la cote 140.

L'assaut est fixé à 12 heures 15, le 16 juin. Cette fois, ce sont les zouaves du 8e, lieutenant-colonel Modelon, et les tirailleurs du 4e, lieutenant-colonel Daugan, qui vont mener la danse.

Au 4e tirailleurs, on observe, pour pouvoir s'orienter plus vite au débouché, les brèches que fait notre artillerie. Malgré un bombardement terrible de l'ennemi qui sent venir l'attaque, un officier est là debout sur la tranchée : c'est le lieutenant Raichlen, il est blessé ; un autre le remplace aussitôt, c'est le sous-lieutenant Bordet, il reprend

LES QUATRE DRAPEAUX DE LA DIVISION MAROCAINE
EN DÉCEMBRE 1917.

l'observation, puis tombe également, alors un troisième, sans autre ordre, tout simplement, se sachant condamné à son tour, le sous-lieutenant Pimont, lui succède; il tombe aussi victime du plus sublime dévouement.

Enfin l'heure approche, et si grande est l'impatience des hommes, qu'ils ont bondi sans l'attendre, courant à nos propres obus.

Le flot déferle dans le ravin de Souchez, le submerge, remonte la pente abrupte de 119; il franchit tout, sauf un écueil qu'il contourne, le bois des Ecouloirs, et enfin atteint son objectif.

Mais à droite et à gauche, pour diverses raisons, les divisions voisines n'ont pu se maintenir à notre hauteur. Sur le flanc gauche du 4e tirailleurs, Souchez forme un bastion qui nous prend d'enfilade, puis à revers; le bataillon Aubertin est obligé d'y faire face, tandis que le 8e zouaves fait face à Neuville-Saint-Waast, et la Division s'immobilise, traçant comme un énorme doigt de gant de 2.500 mètres de pourtour.

Contre ce coin qui pénètre dans ses lignes, la réaction de l'ennemi ne tarde pas à devenir violente; il lance une série de contre-attaques qui viennent se briser contre nos feux. A 20 heures, l'une d'elles, plus violente, débouche d'un chemin creux contre la gauche des zouaves; un de nos aumôniers, l'abbé Bacheré, se lance en avant, son bâton d'une main, son bonnet de police de l'autre, en criant : « Je ne peux pas verser le sang, mais j'ai ma canne, en avant! ». Derrière lui un groupe de zouaves électrisés, se lancent à la charge; l'ennemi fuit en désordre.

Le jour tombe. Il faut tenir. Demain peut-être nos voisins pourront s'avancer. Le 7e tirailleurs et la Légion renforcent le 8e zouaves et le 4e tirailleurs; personne ne lâchera ce qui a été si chèrement acquis par la mort de chefs tels que le commandant Boizot et les capitaines Jean, Evrard, Longé, du 4e tirailleurs, Boué, du 8e zouaves, Wetterstrom, de la Légion, et combien d'autres.

Le bombardement est tel que l'on est obligé de relever les unités de la Division Marocaine; à leur place, le groupe de chasseurs du colonel Laignelot, avec des fractions de divers régiments, s'engouffrent dans l'immense poche où sans cesse tombent les obus venant de la Folie, du bois de Givenchy, de Neuville-Saint-Waast. Quelle relève! Pour aboutir à nos nouvelles positions, il faut traverser le ravin profond de Souchez que balaient sans arrêt les mitrailleuses de Souchez et du bois des Ecouloirs ; un boyau le traverse, le boyau international, mais battu sans répit par le 210, il est comblé au fur et à mesure que le rétablissent nos sapeurs de la 19/2 et de la 5/15 territoriale.

Le 21, le bombardement augmente ; le 22, à 2 heures du matin, l'ennemi déclenche une violente attaque menée par une division entière, et que grâce à nos feux de mitrailleuses, grâce aussi aux barrages de notre vaillante artillerie, qui pendant cinq jours, luttant contre la fatigue, le sommeil, le bombardement, les pièces qui sautent, a fourni un effort admirable, on a pu un instant croire repoussée.

Mais à la base de la poche, l'ennemi s'est infiltré et menace de couper toute communication entre l'avant et l'arrière, il faut parer au plus vite à cette infiltration qui peut donner naissance à un désastre. La situation est critique ; alors on fait appel aux zouaves. Ils sont à peine relevés, ils viennent d'arriver à l'arrière, mais il y a des camarades à dégager, les zouaves repartent, le colonel Modelon en tête : « Allons ! c'est bon, on y va ! » Deux compagnies suffiront ; point n'est besoin de longue préparation ; quelques 58 tirés par notre batterie de tranchée, batterie Meaux, et les zouaves bondissent, atteignent le parapet de la tranchée ennemie et jouent de la fourchette. C'est 300 cadavres boches qui paient le déplacement.

Le lieutenant-colonel Modelon vient rendre compte au général Blondlat, qui lui demande : « Avez-vous fait des prisonniers ? — Non mon général, répond le colonel, nous n'avons pas fait de prisonniers, mais voici les casques », et il désigne les trophées que rapportent les deux compagnies.

Les camarades étaient sauvés ; on pouvait évacuer la poche la nuit suivante. Les zouaves du 8e venaient d'ajouter à leur histoire et à celle de la Division Marocaine, un fait d'armes dont à juste titre ils tirent le plus légitime orgueil. On raconte qu'un de nos artilleurs de tranchée, spectateur de l'opération, empoigna un « bleuet » agenouillé près de lui dans une tranchée, et le dressant sur le parapet, lui dit : « Tiens petit ! Regarde comment on fait. »

« Les guerriers vont au combat en chantant les prouesses de leurs aînés ».

EN CHAMPAGNE

LE 25 SEPTEMBRE 1915

L'ALSACE

Un accueil triomphal à Montbéliard et à Héricourt, deux mois de vrai repos dans la région de Giromagny, à proximité de l'Alsace reconquise, des jeux, des fêtes, ont vite fait oublier les durs moments d'Artois ; une instruction sagement menée, un dressage des cadres fait avec soin ont reconstitué le merveilleux outil de guerre qu'était la Division ; des cérémonies militaires brillantes, une revue passée par le général Joffre, le 14 juillet à Bussurel, une autre par le général Lyautey, une troisième enfin par le Président de la République à Chaux, au cours de laquelle furent remis des drapeaux à nos trois régiments de marche et des palmes à nos quatre drapeaux, ont exalté le moral de la troupe et surexcité sa fierté.

La Division Marocaine, à qui est venu s'adjoindre le 2e régiment de marche du 2e Étranger, colonel Lecomte-Denis, était au point pour reprendre la lutte. C'est maintenant le général Codet qui la commande, le général Blondlat ayant été appelé après les opérations d'Artois au commandement du 2e corps d'armée colonial.

Le 25 Septembre 1915.

Embarquée le 7 septembre à Champagney et Lure, elle débarque deux jours après en Champagne, dans la région de Cuperly-Saint-Etienne-au-Temple et entre immédiatement en secteur.

Placée à la droite du 2e corps d'armée colonial, elle doit le 25 septembre relier au 14e corps l'action de la division Marchand qui attaque à cheval sur la route de Souain à Navarin.

Le 4e tirailleurs, renforcé des 247e et 248e régiments bretons qui forment groupement sous les ordres du lieutenant-colonel Daugan, a pour objectif le Massif du Bois-Sabot qu'il va attaquer directement du Sud au Nord, tandis qu'à l'Ouest la mission de la 2e brigade, colonel d'Anselme, consistera à menacer par une conversion à droite la retraite des défenseurs du bois et à donner la main sur la butte de Souain aux troupes du 14e corps.

L'assaut est fixé à 9 heures 15.

Ce n'est plus le soleil de printemps de l'Artois, le ciel est gris, pluvieux, un nuage de fumée noire et jaune rampe près du sol. Les hommes contemplent avidement le bon travail que fait l'artillerie dont certaines batteries ont été hardiment portées en avant jusque dans les ruines du village de Souain et qui est prête à accompagner de ses barrages précis la marche de l'infanterie.

A l'heure dite, Africains et Bretons, les uns entraînant les autres, s'engouffrent dans le labyrinthe du bois Sabot. Le colonel Dufour a déployé le drapeau du 248e, les commandants Calmon et Aubertin marchent en tête des tirailleurs.

Le bois Sabot ! C'est bien la forteresse que l'on avait présumée. Des abris profonds ont permis aux défenseurs de supporter sans trop de mal notre bombardement. Les Boches sortent à notre approche et si les premiers rencontrés sont submergés, d'autres plus loin ont le temps de se ressaisir et de sauter sur leurs armes; les mitrailleuses crépitent de tous côtés, des mines préparées sautent, et une série d'actions locales s'engagent dont certaines, vraiment sublimes, resteront inconnues à jamais.

D'un blockhaus de mitrailleuses partent des feux violents ; à la tête d'une petite troupe, le lieutenant Grisoni fonce dessus et ramène 8 officiers et 200 prisonniers valides.

Ahmed ben Salah voit son frère tomber à côté de lui, il se baisse, l'embrasse et repart en lui disant : « Sois tranquille, je te vengerai. »

Certaines unités se laissant entraîner par leur élan, poussent jusqu'à la route de Tahure au delà de notre propre barrage. Quoique complètement isolées, elles refusent de reculer; comme en plein bled, les tirailleurs forment le carré et attendent que les camarades arrivent à leur hauteur.

Enfin le bois Sabot et l'ouvrage de Spandau sont tout entiers entre nos mains; les nettoyeurs de tranchées, sous l'énergique conduite du sous-lieutenant Goyénetche, réduisent les dernières résistances : c'est un champ de carnage tel qu'on doit se contenter de rejeter les corps dans les boyaux effondrés et de tout combler ensuite.

A gauche du 4e tirailleurs et en même temps que lui, la 2e brigade, aux ordres du colonel d'Anselme, a bondi des tranchées; les hommes sont partis en chantant. De ce côté, d'ailleurs, le terrain d'attaque est moins couvert, la progression se réalise telle qu'elle avait été prévue. Les tirailleurs du lieutenant-colonel Demetz franchissent d'un bond l'immense glacis qui sépare nos tranchées des tranchées ennemies.

Le bataillon Des Garniers aperçoit une batterie de 6 pièces en action, il s'élance et l'enlève, mais plus loin, à la lisière d'un bois une autre batterie tire à toute volée : 500 mètres de course folle, les canons sont enlevés, les servants tués, les trois officiers d'un geste théâtral remettent leur épée au capitaine Fouchard.

Quant aux zouaves du colonel Modelon, bataillon Randier, ils ont atteint sans coup férir le chemin forestier où court le Decauville et qui était leur objectif; le Decauville aboutit à un dépôt de matériel et ce dépôt est largement pourvu; on y puise à pleines mains, on charge sur les wagons vivres et outils et tandis que les uns organisent hâtivement la position conquise, les autres se réconfortent avec les conserves, confitures et autres délicatesses réunies là par les Boches.

L'artillerie s'est portée en avant avec son allant habituel et a pris position en plein champ, au pied de la butte de Souain, poussant ses observateurs en liaison intime avec l'infanterie, qu'elle protège pas à pas de ses feux.

Mais le front s'est démesurément étendu, l'Allemand ne va-t-il pas réagir? Tout est engagé. Alors abandonnant pelles et pioches, les sapeurs des compagnies 19/2 et 5/15 territoriale, reprennent le fusil et en première ligne, se montrent dignes de leurs camarades, zouaves et tirailleurs, en position à côté d'eux.

La nuit tombe, la journée a été bonne, pas trop de camarades à regretter, beaucoup de prisonniers et beaucoup de canons, et l'on s'endort sur le champ de bataille. Au matin un tirailleur ouvrant les yeux, voit ses voisins regarder en riant le traversin sur lequel il appuyait sa tête. C'est le corps d'un Allemand tué ; tranquille il se relève, et repoussant le cadavre du pied, il se contente de dire : « *Inaldin Boche !* Maudit soit le Boche ! »

28 Septembre 1915.

Le 28 septembre. C'est l'heure du sacrifice. Il est une position qu'il faut enlever à tout prix : la brigade Delavau s'en chargera.

Les fils de fer sont intacts, les mitrailleuses veillent. Qu'importe. C'est l'ordre, c'est le devoir. Sans regarder derrière eux, les bataillons Aubertin, du 4e tirailleurs, Burel et Declève, du 1er étranger, par *cinq* fois se ruent à l'assaut. C'est le sacrifice ; les commandants Burel et Declève tombent devant les tranchées allemandes où seuls quelques légionnaires pénètrent sans pouvoir d'ailleurs s'y maintenir

2 Octobre. - 19 Octobre 1915.

Mais ce n'est pas encore l'heure du repos, une nouvelle attaque est en préparation pour le 6 octobre et la Division Marocaine, saignant encore des blessures d'une lutte récente, doit y prendre part. Rapidement, elle change de secteur et la 2e brigade, colonel d'Anselme, prend au Nord de Souain le secteur de la tranchée des « Tantes », au Nord du bois no 28, tandis que la 1re brigade très éprouvée par les combats du 25 au 28 septembre reste en 2e ligne sous les ordres du lieutenant-colonel Daugan.

Malgré l'élan des tirailleurs au milieu desquels tombe le capitaine Vacher, des zouaves, qui perdent là le commandant Cortade, l'attaque déclenchée par le brouillard trouve un ennemi sur ses gardes et ne peut être poussée à fond. Du moins pendant les journées qui vont suivre, le 8e zouaves, cramponné au terrain, va-t-il donner encore la mesure de son dévouement et de son endurance en créant de toutes pièces pendant 15 jours, sous un bombardement terrible, une solide organisation défensive.

C'est au cours de cette période que la Division Marocaine devait perdre le chef de bataillon du génie Chastel, tué à son poste le 17 octobre.

OISE

VERBERIE

Octobre - 20 Décembre.

APRÈS avoir fourni cet effort, la Division est enlevée de Champagne et transportée dans l'Oise. Là, à proximité de la forêt de Compiègne, dans les cantonnements aimables de Verberie-Bethisy, Pont-Sainte-Maxence, etc., elle prend ses quartiers d'hiver : deux mois de repos et d'instruction où les vides se comblent, où les renforts s'amalgament et les cadres se reconstituent.

AISNE

CŒUVRES

Quelques étapes dans des rafales de neige, sur les routes de l'Aisne, un Noël pluvieux et froid dans la région de Cœuvres, Taillefontaine, Saint-Pierre-Aigle, et la Division Marocaine gagne le camp de Crèvecœur, où deux semaines d'instruction intensive et de dures manœuvres sur les plateaux balayés d'un vent glacial, achevaient sa mise au point, lorsque le 20 février commence à tonner le canon de Verdun.

MAREST-SUR-MATZ

1er Mars - 20 Juin 1916.

Les Allemands faisaient contre nous un puissant effort; n'allaient-ils pas tenter une nouvelle percée dans la direction de la Capitale qu'ils convoitaient? A la Division fut confiée la mission de leur barrer, en tenant le secteur de Marest-sur-Matz, la route directe de Paris.

Mais trop absorbés par Verdun qui résiste, les Allemands ne tentèrent rien de ce côté; le renouveau du printemps, des bois verdoyants et des vergers fleuris, de jolis villages qu'ont épargnés les obus ennemis, Thourotte, Machemont, Chevincourt, Elincourt, Sainte-Marguerite, ce sont les souvenirs et les noms qui nous restent du séjour dans ce secteur si riant, où cependant devant Ribécourt, la Carmoy, Attiche et les Boucaudes, la Division Marocaine faisait bonne garde.

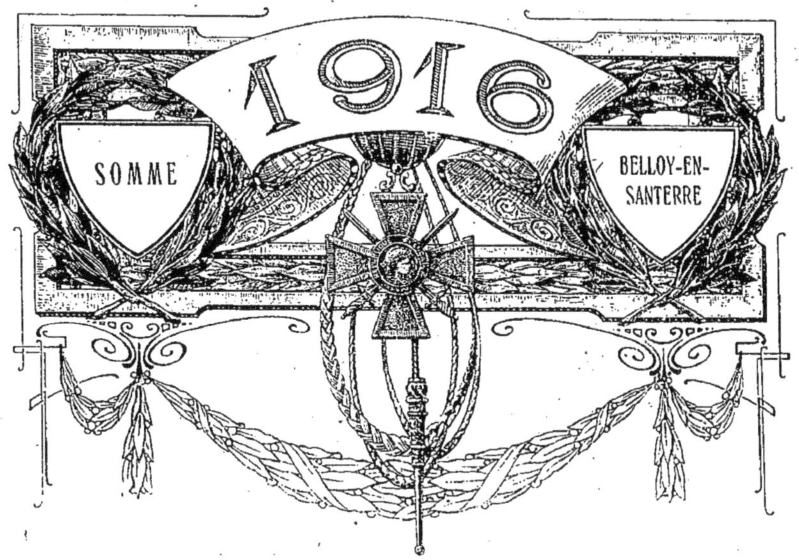

LA SOMME

4 JUILLET 1916

En juin 1916, la Division est transportée dans la Somme, elle doit participer à l'offensive que la 6e armée, en liaison avec les Anglais, va entreprendre le 1er juillet.

Mais cette fois, elle n'est pas engagée en première ligne, elle est destinée à exploiter le succès du 1er corps colonial.

Seule, notre artillerie, dont le lieutenant-colonel Martin vient de prendre le commandement, prend part à l'attaque des positions de Dompierre avec la 3e division d'infanterie coloniale, et sachant qu'ils ont l'honneur de représenter la Division Marocaine, nos artilleurs (artilleurs de tranchée et artilleurs de campagne) dépensent tant de bravoure, font preuve de tant d'élan dans l'accompagnement de l'infanterie que bien vite ils conquièrent auprès des coloniaux la même confiance absolue que de tous temps nous avions mise en eux.

Le sous-lieutenant Martelli (1) est agent de liaison auprès du bataillon colonial qu'appuie le groupe Chanson, il monte à l'assaut avec le bataillon. Mais au delà de Dompierre, devant la tranchée Brunehilde, les fils de fer sont encore à peu près intacts et les étroits passages qui ont pu y être pratiqués sont balayés par le feu incessant des mitrailleuses ; les coloniaux sont arrêtés.

Alors le sous-lieutenant Martelli se lève, agite son casque et au cri de « En avant la Marocaine ! » s'élance avec son groupe de téléphonistes et de signaleurs dans la tranchée ennemie, où bientôt, électrisée par son exemple, le rejoint la ligne d'infanterie.

Le 3 juillet, Assevillers est conquis par les coloniaux et le régiment de la Légion est poussé en avant.

Le 4, enfin, franchissant à découvert sous une grêle de balles l'immense terrain nu qui sépare Assevillers de Belloy-en-Santerre, les légionnaires dans un élan magnifique se précipitent sur le village ; en deux heures de lutte, ils le conquièrent maison par maison, s'installent à la lisière et opposent un mur infranchissable aux dix contre-attaques, que, pendant toute la nuit, l'ennemi dont les renforts débarquent d'autos à quelques centaines de mètres du village, lance avec furie contre les ruines de Belloy-en-Santerre. 750 prisonniers, plus qu'il ne leur *reste de combattants valides*, tombent entre leurs mains.

C'est certes un des plus beaux faits d'armes dont puisse s'enorgueillir la Légion, qui devait voir tomber sur la Somme deux chefs de bataillon sur trois, les commandants Moutet et Ruelland.

« C'était entre 6 et 7 heures du soir. La 9e, puis la 11e compagnie avaient formé la colonne de droite du 3e bataillon qui avait attaqué la partie Sud de Belloy-en-Santerre.

« A environ 300 mètres du village, prise d'enfilade par un feu terrible de mitrailleuses ennemies dissimulées dans le chemin Estrée-Belloy, la 11e compagnie avait cruellement souffert.

« Tous les officiers et sous-officiers étaient tombés. L'immense prairie aux herbes incultes était couverte de blessés.

(1) Le sous-lieutenant Martelli devait être grièvement blessé d'une balle le 9 juillet en montant à l'assaut avec les zouaves.

« Avec un entrain et un dévouement splendides les éléments encore intacts, sous la conduite des légionnaires les plus audacieux, continuaient la lutte.

« En colonne ou en ligne d'escouades, en rampant, les yeux brillants, le sourire aux lèvres, réconfortant en passant leurs camarades tombés, les hommes de la seconde vague poussaient en avant dans la direction ordonnée.

« Couchés dans les hautes herbes, les blessés s'interpellaient, ceux qui pouvaient encore se traîner cherchaient à se grouper, mais quiconque levait la tête était immédiatement fauché.

« Puis sur l'immense champ de bataille s'établit un grand silence que troublaient seulement le sifflement des balles et les gémissements des blessés.

« Tout à coup du côté du village, les notes aiguës d'un clairon sonnèrent la charge. On entendit les cris de l'assaut final, l'éclatement mat des grenades, et le crépitement des mitrailleuses redoubla d'intensité. Les survivants du 3e bataillon s'emparaient de Belloy-en-Santerre.

« A ce moment-là, il se passa quelque chose de sublime. Parmi les blessés et les mourants on entendit soudain un cri vibrant « Ils y sont ! Ils y sont ! Belloy est pris ».

« Au-dessus des herbes, les blessés se soulevèrent. Chacun voulait essayer de voir, essayer par un dernier effort, d'accompagner les camarades plus heureux.

« Puis une clameur immense partie de je ne sais d'où, poussée par des voix affaiblies, mais mâles et triomphantes, domina les tumultes du combat et parcourut le champ de bataille.

« Vive la Légion ! Vive la France ! Vive la France ! C'étaient les légionnaires blessés qui prenaient leur part à la victoire » (1).

Puis, petit à petit, par morceaux, toute la Division est engagée et si, le 7 juillet, après un nouveau succès, les tirailleurs ne parviennent pas à conserver le fameux boyau du Chancelier, du moins les zouaves peuvent-ils progresser légèrement devant la tranchée de jonction et s'établir solidement à la lisière du Grand Bois.

Le 13 juillet, la Division quittait la Somme, elle y laissait, pour plusieurs jours encore, son artillerie, dont les

(1) Récit du capitaine de Tocharner, blessé à l'assaut de Belloy-en-Santerre.

pertes sévères devaient, s'il en était besoin encore, attester la vaillance; c'est le capitaine Blanc mortellement frappé à son poste d'observation, c'est le lieutenant-colonel Martin, chef aussi brillant que brave, tombé glorieusement dans le ravin de Flaucourt, unanimement regretté des artilleurs comme des fantassins qui, tous, connaissaient son inlassable activité et sa charmante humeur.

LA BOUE

Dans les plaines détrempées par les pluies, sur ces champs de bataille envahis par la boue dans laquelle on enfonce jusqu'aux genoux, un sentiment de haine et de vengeance étreint le cœur des légionnaires, devant l'infinie tristesse du spectacle qui s'offre à leurs yeux!. Combien de leurs frères d'armes d'hier dorment là et n'auront d'autre linceul que la "boue" qui monte et les ensevelit peu à peu.

DU 30 JUILLET 1916 AU 17 AVRIL 1917

RICQUEBOURG

8 Juillet - 25 Octobre 1916.

Un repos de quelques jours à Gournay-sur-Aronde, et la Division Marocaine prenait dans l'Oise le secteur de Ricquebourg. Canny, Roye-sur-Matz, le château et le parc du Plessier, quelques coups de main heureux sur le Plémont, c'est son domaine et son occupation du 30 juillet au 25 octobre.

Le général Degoutte a pris le 18 août le commandement de la Division.

La compagnie 19/2, partie du Maroc avec la Division Marocaine au mois d'août 1914, y retourne, relevée par la compagnie 26/2.

LA SOMME

5 Novembre - 28 Décembre 1916.

Le 5 novembre, après un nouveau et court passage au camp de Crèvecœur, la Division Marocaine revoyait la sucrerie de Dompierre, le moulin de Becquincourt, Assevillers, Belloy et ce qui restait de son parc et de son cimetière ; mais ces paysages qui jadis lui avaient été familiers, elle ne les reconnaissait plus; elle les avait connus sous le soleil de juillet, baignant dans les nuages de poussière que laissaient derrière eux les lourds convois d'autos et elle ne retrouvait que de la boue...

De cette boue de la Somme, on se souviendra longtemps à la Division Marocaine ; elle est restée légendaire. Il fallait deux heures pour faire un kilomètre, des hommes s'enlisaient, et les jours de relève, des corvées de sauvetage étaient nécessaires pour retirer du « ravin de la Mort » les camarades que leurs forces avaient trahi en chemin et qui, enfoncés jusqu'à la ceinture, pieds nus, attendaient stoïquement le secours d'une main amie et d'un bras vigoureux.

Et dans cette boue épaisse et gluante, sous un bombardement parfois sévère, il fallait créer des boyaux et des tranchées, porter des bombes de cinquante kilos, constituer des dépôts de toutes sortes, monter de toutes pièces une attaque qui, par comble de malheur ne serait pas déclenchée. Ah ! certes, jamais provision d'énergie et de bonne humeur ne fût si nécessaire à la Division Marocaine qu'en ce rude hiver. Heureusement elle n'en manquait point.

LE CAMP DE CREVECŒUR

1er - 27 Janvier 1917.

Mais telle était sa fatigue au sortir des cantonnements inhospitaliers de Chuignolles, de Proyart, du camp 102, que le nouveau séjour qu'elle fit dans le camp de Crèvecœur, partie Sud cette fois, lui sembla presque agréable !

SECTEUR DE PIENNES

28 Janvier - 9 Février 1917.

Le 28 janvier, la Division est transportée dans la région Est de Montdidier, secteur de Piennes. Il fait terriblement froid ; on travaille néanmoins avec ardeur, une grosse attaque est en préparation sur Roye, Lassigny, où la Division Marocaine est appelée à jouer le rôle de division d'exploitation tactique.

MARCHE SUR HAM-SAINT-QUENTIN

16-26 Mars 1917.

Mais l'ennemi refuse le combat, il se retire sur la position Hindenburg.

Derrière le 10e corps nous suivons sa retraite et nous pouvons à loisir contempler ses méfaits, et certes le spectacle des villages incendiés, des maisons défoncées à coups de bélier, des tombeaux profanés, des vergers saccagés, les récits lamentables des malheureux habitants délivrés sont bien faits pour accroître chez nous la haine du Boche abhorré. Quelle meilleure préparation morale pouvait-on rêver à la nouvelle attaque qui nous était encore réservée ?

Plus favorisés d'ailleurs que leurs camarades fantassins, nos artilleurs et nos cavaliers marchent avec les unités de tête du 10e corps d'armée; premiers soldats français foulant le sol reconquis, nos escadrons du 5e chasseurs d'Afrique galopent sur leurs petits barbes à travers la campagne de Ham, recevant des habitants un accueil enthousiaste.

« Que Dieu transporte dans le sein de sa miséricorde ceux qui sont tombés en combattant pour le triomphe du Droit et de la Liberté. »

EN CHAMPAGNE

17 AVRIL 1917

MONT SANS NOM
AUBERIVE
MORONVILLIERS

Le 2 avril, la Division est embarquée pour la Champagne où, tandis que devait être menée sur l'Aisne l'offensive principale, la IVe Armée avait pour mission de s'emparer des hauteurs de Moronvilliers. La Division Marocaine est placée presqu'à l'extrême droite du dispositif de l'armée ; elle doit attaquer sur la rive gauche de la Suippe, le Mont Sans Nom et le fameux saillant d'Auberive, contre lesquels se sont brisés tous nos assauts antérieurs.

Les deux brigades sont accolées, brigade Demetz à droite, brigade Schuhler à gauche, appuyées par l'artillerie divisionnaire, colonel Maloigne, lieutenant-colonel Strickler.

Les quatre régiments sont en ligne ; de l'Ouest à l'Est, le 8e zouaves, lieutenant-colonel Lagarde ; le 7e tirailleurs, lieutenant-colonel Schultz; le 4e tirailleurs, lieutenant-colonel Aubertin; la Légion, lieutenant-colonel Duriez.

Après une préparation d'artillerie qui dure sept jours, mais que gêne le mauvais temps, l'assaut est donné le 17 avril, à 4 heures 45.

Il fait encore nuit et il neige.

Néanmoins en petites colonnes, dans un ordre parfait, les zouaves, qu'entraîne leur lieutenant-colonel, franchissent le terrain bouleversé qui sépare nos lignes des lignes ennemies; ils gravissent la cote 181, traversent les abris d'Hexenweg encore remplis d'Allemands, et à 7 heures, atteignent le sommet du Mont Sans Nom, qui leur avait été assigné comme objectif.

Les artilleurs suivent le mouvement; quelques heures après l'attaque, le commandant Bastide va lui-même, aux applaudissements des zouaves, reconnaître à cheval les emplacements avancés qu'il doit faire occuper à ses batteries.

A droite des zouaves, les tirailleurs des 7e et 4e sont arrêtés, presqu'à leur sortie des tranchées par le feu des mitrailleuses intactes. Mais ils ne se laissent pas rebuter. Au prix d'un effort héroïque, au prix de la mort de ses trois chefs de bataillon, les commandants Auzouy, Barnay, Morin, le 7e tirailleurs sous l'énergique commandement du lieutenant-colonel Schultz, parvient à vaincre la résistance de l'ennemi et à s'aligner sur le 8e zouaves, dans la tranchée de Bethmann-Holweg.

Au 4e tirailleurs, où le commandant Dauzier est tombé dès le début, il faut des moyens nouveaux pour écraser le Bois Allongé qui nous tient en échec. Le lieutenant-colonel Aubertin y pourvoit. Vite on amène du 58, la batterie du capitaine Morel, et l'on passe.

Plus à l'est, le bataillon de Sampigny de la Légion est arrêté lui aussi, dès son débouché, il appelle à son aide le bataillon Deville, et alors dans le lacis compliqué du bois des Bouleaux s'engagent des combats à la grenade qui vont durer toute la journée. Les corps vus enlacés dans les tranchées font foi de l'âpreté de la lutte, comme aussi le chiffre restreint des prisonniers ramenés à l'arrière, le nombre de cadavres trouvés dans les abris et aussi, hélas! les pertes lourdes et glorieuses subies par les deux bataillons. Le lieutenant-colonel Duriez, commandant la Légion, est tombé un des premiers, mortellement atteint; le médecin-major Azam, médecin chef du régiment, est blessé, c'est sa quatrième blessure.

La nuit tombe sans que le résultat cherché soit atteint ; la bataille n'est pas finie.

Le 18 avril, au petit jour, l'ennemi se lance sur la 2e brigade, et réussit d'abord à s'infiltrer à la soudure des zouaves et des tirailleurs, mais une vive contre-attaque lui fait perdre bientôt le bénéfice de sa passagère victoire ; passant à son tour à l'attaque, le 8e zouaves chasse l'adversaire jusqu'au bois N. 50.

De son côté, le 4e tirailleurs s'empare de plusieurs petits bois pendant que la Légion, par une lutte âpre et sanglante, continue à progresser à la grenade dans les boyaux du golfe d'Auberive.

Le 19 avril, la lutte reprend de plus belle. A 6 heures, les Allemands déclenchent sur la ligne tenue par le 8e zouaves (bataillon Durand), une forte attaque menée par les 100e et 101e saxons en entier. Les zouaves qui perdent là le capitaine adjudant-major Rollet, reçoivent, debout sur la tranchée, les assaillants que n'a pu arrêter notre tir de barrage, les poursuivent dans leurs propres lignes, et, s'installant à leur place, leur capturent une nouvelle batterie.

Pendant ce temps le 4e tirailleurs, bataillon Ménétrier, par une action habilement montée et rapidement conduite, s'empare du bois Noir.

Et à droite, le bataillon de Légion Deville, avec un effectif réduit à 275 hommes, malgré deux nuits sans sommeil, et deux jours de lutte acharnée, poursuit inlassablement la tâche qui lui est assignée, et vers le soir, trouvant enfin dans le succès la récompense de sa ténacité, pénètre dans le village d'Auberive et dans le fortin Sud de Vaudesincourt.

Le lendemain 21, aidé d'une batterie de 58 T., — encore la batterie Morel, la fidèle et vaillante compagne de notre infanterie — la Légion saute dans le grand boyau et le nettoie, achevant ainsi de réaliser cet exploit unique d'avoir pu, en quatre jours, conquérir à la grenade 7 kilomètres de boyaux.

Cependant devant le front du 7e tirailleurs une batterie ennemie est signalée ; les effectifs du 7e sont bien appauvris, les cadres réduits à rien ; mais il reste encore — à moitié intacte — la compagnie hors rang du régiment. Alors prenant à peine le temps de se concerter, signaleurs, téléphonistes, agents de liaison sautent sur leurs armes, et d'un bond, le capitaine Baillat, adjoint au colonel, en tête, envahissent la batterie, tuent les servants, prennent six canons et s'installent sur place.

Pendant cette lutte pied à pied, l'artillerie, qui restera encore plus d'un mois sur ses positions après le départ de la Division, soumise à des bombardements incessants, subissant des pertes sérieuses, l'artillerie de la Division Marocaine veille sans cesse, secondant l'infanterie avec une vigilance, une ténacité inlassables.

Ainsi après quatre jours et quatre nuits de combats incessants, malgré la résistance acharnée de l'adversaire, le plus brave que nous ayons jamais rencontré, et qui, non content de résister avec acharnement, quatre fois en trois jours contre-attaqua, la Division Marocaine avait réussi à s'établir sur la ligne qui lui avait été fixée.

Ses pertes étaient sévères, mais 7 kilomètres carrés de terrain arrachés à l'ennemi, plus de 1.000 prisonniers et 15 canons capturés, un butin important — et encore un peu de gloire, étaient sa récompense.

CHAMPIGNEULLES — CHAMPAGNE

Mai 1917.

Mai se passe dans les jeux et les fêtes, au sud de la Marne, à Champigneulles et Vouzy.

BERRY-AU-BAC

6 Juin-7 Juillet 1917.

Puis brusquement, de la région de Cuperly-Vadenay où elle s'était rendue par étapes, la Division est enlevée en autos. Pendant un grand mois, elle occupe le secteur situé entre Aisne et Miette, que dominent les cratères blancs de la cote 108 et dont les ruines du Choléra et de Berry-au-Bac sont le principal charme.

RAMERUPT

Elle est transportée ensuite dans la vallée de l'Aube, à Ramerupt, où elle se prépare aux nouvelles batailles, qu'elle prévoit prochaines et qu'elle pressent devoir être infailliblement de nouvelles victoires.

L'artillerie divisionnaire, dont un des groupes, le groupe colonial, est remplacé par le 5e groupe d'artillerie de campagne d'Afrique, prend le nom de ce dernier, devient 5e groupe d'Afrique, toujours sous les ordres du lieutenant-colonel Strickler.

« Sache qu'il n'y a de Dieu que Dieu et que Mahomed est son prophète. »

VERDUN

20 AOUT 1917

De la Somme à la Champagne, de l'Artois à l'Alsace, de l'Oise à l'Aisne, à peu près sur tout le front français, la Division Marocaine avait fièrement promené son fanion rouge et blanc, chargé d'un croissant, mais un nom manquait à sa gloire : Verdun.

Pour que la Division ait désormais le droit d'inscrire sur ses drapeaux ce nom déjà illustre, on lui demanda de l'illustrer encore par une nouvelle victoire.

Et certes la tâche qui lui fut confiée le 20 août n'était pas de petite importance ; il s'agissait de s'emparer des organisations formidables que l'ennemi avait accumulées contre la rive gauche de la Meuse : Cumières et le bois des Caurettes, le bois de Cumières avec le col de Forges, le bois des Corbeaux avec son mystérieux tunnel.

Mais jamais préparation ne fut aussi complète ; l'état-major avait précédé d'un mois dans le secteur les troupes qui purent ainsi n'y arriver que quelques jours avant l'attaque ; avec un soin méticuleux le colonel Mittelhausser, commandant la 1re brigade et le colonel Schuhler, commandant la 2e brigade, avaient réglé dans ses moindres détails l'engagement de leurs régiments ; le travail d'artillerie fut si parfait que la tâche de l'infanterie fut de son propre aveu « trop facile ».

Aussi, la bataille fut brève : 4 heures 40 l'assaut, Cumières dépassé, le bois des Caurettes enlevé, un temps d'arrêt, pour souffler ; la lisière du bois des Corbeaux et de Cumières atteinte, et l'on s'arrête de nouveau pour s'aligner ; un dernier bond et avant 9 heures, ayant, avec une ponctualité digne d'une manœuvre du temps de paix, exécuté l'horaire prévu, nos quatre régiments s'établissent sur la rive Sud du ruisseau de Forges, à la place exacte qui, sur les plans, leur a été marquée comme objectif final.

Ce n'est pas que le Boche n'ait essayé de s'opposer à leur marche victorieuse. Sur l'axe d'attaque du 7e tirailleurs en particulier, que jalonnait le tunnel des Corbeaux, l'ennemi a été dépassé, mais ne s'est pas rendu.

A toutes les issues, à tous les trous d'aération de l'immense caserne souterraine, bien munie de grenades et de V. B., zouaves et tirailleurs sont obligés de faire bonne garde et ce n'est que le lendemain que le tunnel de Gallwitz (ainsi l'ont dénommé les Allemands) déversera entre les mains du bataillon de Saint-Léger sa garnison de 1100 hommes avec un colonel, ses trois chefs de bataillon, tout son état-major, jusqu'à l'officier d'approvisionnement de son régiment.

Jusqu'ici la besogne a été trop aisée, la Division Marocaine ne s'en tiendra pas là. Tandis qu'à gauche le 7e tirailleurs va chercher au delà de la vallée Jacques la liaison avec la 33e division et que le caporal Belmehal avec son escouade enclout les quatre pièces d'une batterie, le 8e zouaves pousse plus loin ses reconnaissances offensives. Le sous-lieutenant Boisset commande l'une d'elles, et vraiment pour débuter il n'est pas heureux ; tous les emplacements de batterie qu'il visite ont été évacués par l'ennemi. Il y a pourtant encore des batteries occupées, il y en a même qui, en ce moment, tirent à toute volée et font barrage devant notre nouvelle ligne ; mais elles sont situées bien loin, à la lisière du bois de Forges, au delà du ruisseau. Qu'importe ! Il ne sera pas dit que le 8e zouaves seul n'aura pas de canons à son actif ! Et la vaillante petite troupe franchissant notre propre barrage, et renouvelant sans le savoir l'exploit de Palestro, se jette à l'eau pour passer le ruisseau de Forges; malgré le feu de mousqueterie qui l'accueille, elle se précipite sur les batteries en action, tue les servants, fait sauter 10 canons et revient au bout de trois heures, ramenant ses blessés.

Pour ne point rester en retard sur ses voisins, le 4e tirailleurs pousse ses détachements offensifs jusqu'au village de Forges, dont il nettoie les premières maisons.

Enfin à la droite de notre front le régiment de la Légion, sous les ordres du lieutenant-colonel Rollet, non content de son premier succès, de Cumières enlevé, du col de Forges dépassé, entreprend sur l'heure une opération qui n'avait été envisagée que pour une date ultérieure.

Par un combat vivement mené et exécuté comme une manœuvre, le bataillon Deville s'empare de l'ouvrage 265 sur la côte de l'Oie, puis soutenu par deux compagnies du 4e tirailleurs, il reprend l'attaque le 21 au matin, à 15 heures pénètre dans Regniéville, le dépasse, s'installe solidement dans les vergers au Nord du village et patrouille jusqu'à la voie ferrée qui longe la Meuse.

Plus de 2.200 prisonniers de 7 régiments différents, 41 canons pris ou détruits, 48 mitrailleuses, autant de minenwerfer représentaient le butin fait par la Division Marocaine en ces 48 heures.

En outre, plus de 6 kilomètres carrés de terrain et deux villages avaient été arrachés aux mains de l'ennemi.

La Division Marocaine avait maintenant le droit d'inscrire sur son fanion le nom illustre de Verdun et la date du 20 août, dans les pages de son histoire, pouvait être marquée en lettres d'or, à côté des dates glorieuses du 9 mai, du 16 juin, du 25 septembre, du 4 juillet, du 17 avril.

Les pertes étaient légères; grâce d'ailleurs à la parfaite organisation des évacuations qu'une fois de plus avait su réaliser notre médecin divisionnaire, le docteur Spillmann, grâce au zèle de nos brancardiers qui depuis plus de trois ans relèvent sur tous les champs de bataille et soignent avec le même dévouement fraternel leurs camarades fantassins, en moins de trois heures la plupart des blessés étaient hospitalisés dans nos ambulances, la 9/9 et la 12/9.

Malheureusement la Division laissait dans les Hauts-de-Meuse une figure connue, celle de l'abbé Bacheré, aumônier des zouaves, mort au champ d'honneur le 30 août.

CAMP DE BOIS-L'ÉVÊQUE.

8 Septembre - 1er Octobre 1917.

Puis la Division est enlevée de Verdun et, après un trop court passage dans la région de Vaucouleurs, transportée au camp de Bois-L'Évêque.

A sa tête, le général Daugan a remplacé le général Degoutte, appelé au commandement d'un corps d'armée.

De Bois-L'Évêque, malgré les jeux et les fêtes qui s'y donnèrent,

BLESSÉS

Oubliant ses propres blessures, un jeune zouave, dans un élan d'abnégation fraternelle, conduit à l'ambulance un tirailleur blessé qui s'appuie sur son épaule, confiant, comme un grand enfant.

le souvenir en serait resté celui d'un séjour un peu triste et sévère, si la journée du 27 septembre n'en avait totalement fait oublier la sévérité et la solitude.

Cette journée mémorable marque la consécration de la récente victoire de Verdun et de tous les exploits passés de la Division. Le général Pétain, commandant en chef, en présence du général Gérard, commandant l'armée, passe en revue les troupes de la Division Marocaine et dans l'éclat des fanfares, sous le bourdonnement d'une nuée d'avions faisant au-dessus de nos têtes comme un ciel d'apothéose, il remet solennellement au drapeau de la Légion la Croix de la Légion d'honneur; au 8e zouaves, avec une nouvelle palme, la fourragère aux couleurs de la Médaille militaire; aux 4e et 7e tirailleurs, une troisième palme; à l'artillerie, la fourragère verte et rouge; aux compagnies du génie, la 19/52 et la 26/2, une première palme.

Enfin, honneur insigne, trois caporaux de la Légion reçoivent la Croix de la Légion d'honneur.

Telle est l'histoire de la Division Marocaine au 1er novembre 1917. A juste titre, tirailleurs, zouaves, légionnaires, artilleurs, sapeurs, chasseurs d'Afrique en sont fiers; ils sont fiers des victoires remportées et des héros tombés dont ils gardent pieusement la mémoire; ils sont fiers les uns des autres, fiers de leur uniforme kaki et de la fourragère, comme du croissant qui est leur emblème.

Il n'y a pas un coin du front de France où la Division Marocaine n'ait déployé ses drapeaux victorieux, pas une grande offensive qui ait été faite où elle n'ait eu sa part glorieuse, pas un territoire libéré dont elle n'ait racheté de son sang au moins une parcelle. Elle a livré plus de batailles que n'en comptaient les grandes divisions de la grande épopée et les plis de ses fanions ne sont pas assez vastes pour contenir la liste de ses victoires.

Sa devise est « Sans Peur et Sans Pitié. »

Elle est « sans peur » et que craindrait-elle en effet? Certes, elle s'est trop souvent mesurée à l'ennemi pour méconnaître sa force redoutable, mais elle sait mieux encore sa propre vaillance que soutient et exhalte le sentiment de la justesse de notre cause, et contre laquelle l'Allemand est impuissant.

Elle est « sans pitié » pour l'adversaire sans conscience qui a déchaîné la guerre dans le monde et dont elle connaît tous les crimes odieux. Elle a vu, dans les Ardennes, les incendies illuminer les champs, les villages flamber comme des torches, elle a vu la misère des habitants affolés fuyant l'envahisseur; à Reims, elle a vu la Cathédrale mutilée ; à Roye, à Champien, à Balatre elle a vu les tombeaux profanés, la terre, la terre même! saccagée, cette terre sacrée de France, dont les légionnaires dans leurs pays lointains, les tirailleurs dans leur désert d'Afrique, avaient appris à aimer la richesse et la beauté ; elle sait par cœur l'histoire de ses légionnaires tombés à la cote 140 aux mains de l'ennemi, blessés et sans défense, et qui, parce qu'en vrais soldats ils refusaient de répondre à l'interrogatoire qu'on leur voulait faire subir, lâchement furent assassinés.

Volontiers la Division Marocaine fait sienne l'imprécation du tirailleur de Champagne :

« *Inaldin Boche* » — « Maudit soit le Boche ».

Et de sa haine vengeresse, elle est prête à le poursuivre encore « sans peur et sans pitié », jusqu'au jour où elle pourra, dans l'allégresse de la victoire, célébrer sa défaite et sa ruine.

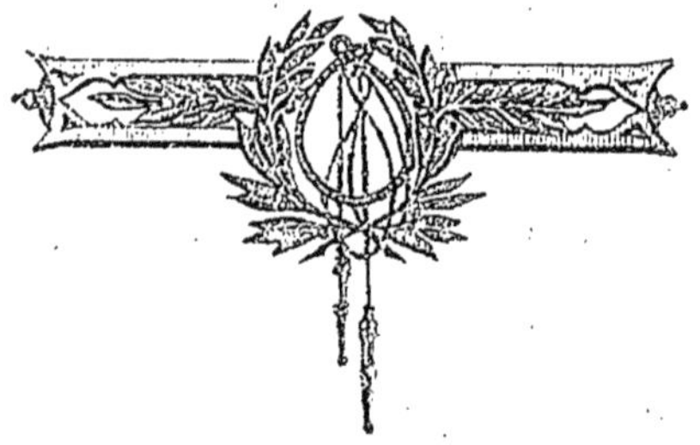

« *Que Dieu rende heureux dans les deux demeures (vies présente et future) celui qui combat pour la liberté du monde.* »

EN LORRAINE

SECTEUR DE ROYAUMEIX

LA gloire ainsi consacrée, la D. M. est mise le 1er octobre 1917 à la disposition de la VIIIe Armée pour relever la IIe D. I. dans la zone de Royaumeix.

C'est un calme secteur de Lorraine : Mandre-aux-quatre-Tours, Ansauville, Minorville, Noviant, abritent sous des toits encore intacts leurs paisibles habitants. De la guerre de mine qui a dévasté jadis le bois Mortmare en avant de Flirey, d'immenses entonnoirs restent les seuls vestiges.

Il paraît que dans les vastes espaces de ce secteur tranquille, l'ennemi avait pris l'habitude de venir chez nous incursionner tout à l'aise. On racontait l'histoire fantastique d'un convoi d'artillerie attaqué sur route à 1500 mètres à l'intérieur de nos lignes... On pêchait dans les étangs de Bouconville, à 1500 mètres du front...

Notre arrivée va changer la face des choses. Vraiment, tant qu'il reste un Boche en France, peut-il exister pour la D. M. un secteur de repos ?

Le 24 octobre, les 3, 14 et 19 décembre, l'ennemi tente d'aborder nos lignes. Au bois de Remières, c'est le 7e Tirailleurs qui l'accueille; au saillant de Flirey, c'est le 4e Tirailleurs, et, certes, l'ennemi n'a pas lieu de se réjouir de l'accueil qui lui est fait. A chaque tentative il laisse des prisonniers entre nos mains sans obtenir lui-même aucun avantage.

D'ailleurs, la D. M. n'a pas coutume d'attendre l'ennemi dans nos lignes, elle préfère l'aller chercher dans ses repaires; le 8e Zouaves visite le saillant de Richecourt; la Légion, le bois de Mortmare; le 7e Tirailleurs, les tranchées au Nord du bois Carré, et, au retour de chaque incursion, les prisonniers affluent.

LE 8 JANVIER

Mais ce ne sont là que jeux à des troupes d'élite.

Que se passe-t-il au juste derrière cette façade en apparence paisible que l'ennemi nous oppose? Ne parle-t-on pas de gros rassemblements sous Metz? N'envisage-t-on pas comme probable et prochaine une puissante attaque allemande, dont Nancy serait un des objectifs.

Pour être fixé exactement, il faut pénétrer profondément dans les lignes ennemies, foncer jusqu'aux postes de commandement, qui recèlent les documents précieux. C'est une grosse opération à faire. On la fera.

Pendant un mois, dans le plus grand secret, les préparatifs en sont fiévreusement poussés.

Il s'agit de renforcer l'artillerie sans que l'ennemi s'en doute, et, pour ce, il faut créer de toutes pièces trente positions de batterie de 75 et cent deux emplacements de pièces d'artillerie lourde. Il s'agit d'amener à pied d'œuvre les munitions nécessaires, soit : 3.500 tonnes, et il pleut, il glace, et les routes sont presque impraticables.

Il s'agit d'organiser le réseau téléphonique correspondant à cet énorme déploiement de forces, de recueillir sur les organisations ennemies tous les renseignements possibles et de tirer tant de plans et de cartes et de photos que chaque homme puisse circuler dans le lacis des tranchées adverses comme en terrain familier.

Il s'agit de faire étudier par l'infanterie la manœuvre

qu'elle doit exécuter et de la lui faire si bien répéter qu'il ne reste au moment voulu aucun détail à improviser, qu'aucun incident ne se puisse produire qui n'ait été prévu; et, pour ce, il faut créer un polygone, où, pendant quinze jours, le Colonel Schultz et le Colonel Rollet pourront mécaniser le 7e Tirailleurs et la Légion, à qui doit revenir, une fois de plus, l'honneur de monter à l'assaut.

De leur côté, les deux brigades, colonels Schuher et Mittelhauer étudient leurs plans d'opérations avec un soin minutieux, afin de ne rien laisser au hasard. Le Colonel Maloigne se multiplie pour préparer une action d'artillerie courte et violente autant que précise.

De préparation morale, grâce à Dieu, il n'en est pas question : elle serait inutile.

Enfin, le jour arrive : c'est le 8 Janvier, il a neigé là veille et il fait froid.

A partir de 9 heures, toute l'artillerie, jusque-là silencieuse, crache sa mitraille sur le Boche stupéfait. Destructions, interdictions, neutralisations, ce fut un beau travail, et, à 15 heures 15, l'infanterie s'élance.

Traversant hardiment les cratères de Flirey, la Légion s'enfonce dans les profondeurs du bois de Mortmare jusqu'à 1500 mètres des premières lignes : tout ennemi signalé est mort ou prisonnier.

A gauche, devant le 7e Tirailleurs, quelques mitrailleuses encore intactes se dévoilent; mais qui pourrait arrêter l'élan des tirailleurs? En quelques minutes, tous les objectifs assignés sont nettoyés.

A 50 mètres du sol, presque cachés dans les nuages, les avions de la S. O. 104 suivent pas à pas la marche de l'infanterie et leurs messages rapides annoncent au commandement la réussite de la première partie de l'opération.

Car il y a une deuxième partie.

Ce n'est point assez d'un millier d'adversaires hors de combat, de 190 prisonniers capturés, de 16 mitrailleuses et 9 lances-bombes ramenés dans nos lignes; ce n'est point assez d'avoir saisi des documents qui permettront au commandement d'identifier et de localiser 26 divisions allemandes.

On peut faire davantage; on n'y manquera pas.

Et, tandis que Légionnaires et Tirailleurs tiennent au loin l'ennemi en respect, les sapeurs de nos compagnies divisionnaires, porteurs de pétards de cheddite, et les détachements Schilt, munis de leurs redoutables lance-flammes, opèrent de leur mieux.

Dominant le bruit de la canonnade, 80 détonations retentissent sourdes et formidables : ce sont 80 abris boches qui sautent; partout des incendies s'allument : ce sont des P. C. qui flambent, et, bientôt, dans cette partie des organisations ennemies momentanément envahies, il n'y a plus un observatoire intact, plus une casemate utilisable, plus un coin de terrain qui ne soit retourné, bouleversé et de longtemps occupable.

C'est fini, l'œuvre est parfaite : on peut se retirer. Et, à 17 heures, leur travail accompli suivant le programme établi, les bataillons, joyeusement, sous la pluie qui s'est mise à tomber, regagnent leurs cantonnements.

Le lendemain à midi, l'ennemi bombardait consciencieusement ses propres tranchées avant de les réoccuper.

LES AMÉRICAINS

Immédiatement après ce succès — le premier de 1918 — la Division Marocaine est relevée.

Elle est remplacée dans le secteur de Royaumeix par la 1re Division Américaine.

C'était notre premier contact avec nos nouveaux alliés : il fut tout empreint de camaraderie et de cordialité.

En vérité, pouvait-il en être autrement? Si bien des choses nous séparent les uns des autres — et les commandants de compagnie, qui, pendant plusieurs jours, vécurent côte à côte avec les officiers américains, savent qu'au moins une chose nous sépare et que les Français ne sont pas seuls à ne point posséder le don des langues — n'avons-nous pas, du moins, un idéal commun et le même but et la même haine et la même espérance? Comment, d'ailleurs, n'être pas charmé de l'ardeur guerrière et de la folle bravoure dont dès le début ils témoignaient? Et comment encore n'être pas touché et flatté aussi un peu de la déférente admiration que ces nouveaux venus dans la guerre manifestaient à l'égard des anciens de la Division Marocaine, vétérans de la Gloire.

Aussi, dès cette première rencontre, nous pûmes prévoir quels admirables frères d'armes, compagnons de victoire, devaient être plus tard pour nous les soldats de la 1re D. I. U. S.

VAUCOULEURS

Vaucouleurs! Ville de Jeanne d'Arc et Ville de Lorraine! Avant de la connaître, son nom nous était déjà cher. Nous l'aimons mieux maintenant encore : deux mois nous avons été les hôtes de ce pays privilégié. — Ce furent deux mois d'excellent repos.

Mais, repos à la Division Marocaine n'a jamais signifié inaction. Entraînement sportif et instruction militaire, on menait tout de front avec le même entrain. Les concours de spécialités alternaient avec les concours sportifs et les fêtes avec les exercices.

Si on ne se lassait pas de prendre d'assaut, suivant les dernières règles de l'art, le fort de Pagny-la-Blanche-Côte, on se passionnait non moins pour les matchs de foot-ball, qui, pendant plus d'un mois, mirent aux prises, dans des luttes épiques, tirailleurs, zouaves, légionnaires, artilleurs, sapeurs et chasseurs d'Afrique. Il fallut, tant l'acharnement était grand, recommencer trois fois une finale de rugby; il fallut, tant l'enthousiasme était vif, jouer plus de cent fois sur des scènes improvisées *La Revue de la D. M.*

Deux fois par semaine, musiques et fanfares traversaient, aux acclamations de la foule, villes et villages de la région, tandis qu'à Vaucouleurs même, la nouba du 7e Tirailleurs entraînait derrière elle, aux accents étranges de ses reïtas, civils et militaires joyeusement mêlés.

Hélas! l'heureux cours de ce séjour en Lorraine devait être troublé par de tristes séparations.

C'est d'abord le bataillon Gueny, du 7e Tirailleurs, qui nous quitte; il représentait parmi nous la province de Constantine, c'était un des plus vieux bataillons de la Division Marocaine; il avait pris part à toutes nos batailles et partagé presque depuis le début de la guerre nos succès et nos deuils; tout dernièrement encore, comme pour mieux nous faire sentir le vide que son départ devait créer dans nos rangs et augmenter si possible nos regrets, il avait dépensé sans compter, dans l'opération du 8 Janvier, ses qualités de bravoure et d'ardeur. Il s'en va, plein de gloire et d'honneur, porter, dans une autre unité, les traditions de la Division Marocaine.

Le bataillon Clausse, un bataillon d'Oranais, le remplace au 7e Tirailleurs : ce sont des jeunes gens qui brûlent d'égaler leurs anciens.

Après le bataillon Gueny, c'est le tour de la 101e batterie de tranchée. Depuis sa formation — avant la Champagne 1915 — elle appartenait à la Division. Ses exploits ne se comptaient plus; sa valeur était légendaire; les noms de ses chefs étaient auprès de tous, fantassins et artilleurs, synonymes de vaillance et d'audace. Elle nous quitte pour aller animer un corps nouveau de son âme héroïque. Et nos regrets et notre reconnaissance la suivront à jamais.

A la suite de ces séparations pénibles, une compensation nous était bien due. On affecta organiquement à la Division le 12e Groupe et la 12e S. M. A. du 110e R. A. L. qui, en revêtant l'uniforme kaki, devaient devenir quelques mois plus tard le 8e Groupe et la 8e S. M. A. du 112e et qui, jusqu'à la fin de la guerre, témoigneront, sous le commandement du Commandant Enchery, que la science et la vaillance des artilleurs lourds de la Division Marocaine ne le cèdent en rien à celles des artilleurs de campagne; on lui affecta aussi, le 12 février, l'escadrille S. O. 104. C'était déjà une vieille connaissance : depuis le mois d'octobre nous avions, à plusieurs reprises, fait appel à ses services; elle ne nous avait jamais déçus. Et ce qu'elle avait fait pour les étrangers qu'alors nous étions pour elle, nous laissait prévoir les merveilles qu'elle pourrait réaliser une fois entrée dans la grande famille de la D. M. Nous la connaissions si bien que ses exploits futurs, auxquels toujours nous applaudirons avec joie, ne nous étonneront jamais.

1918

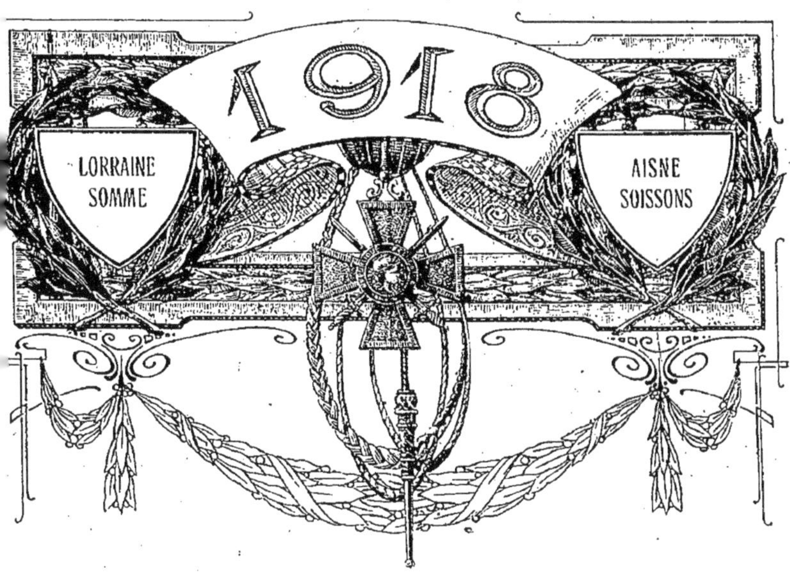

L'OFFENSIVE DU 21 MARS 1918

VILLERS-BRETONNEUX.

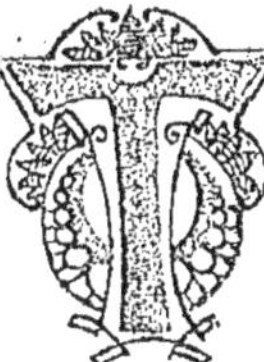

Tout à coup, comme un orage effroyable, se déclenche dans le Nord l'offensive allemande. On l'annonçait depuis longtemps : on la pressentait puissante et redoutable, mais sa violence et sa rage dépassèrent toutes les prévisions.

Le cœur anxieux, nous attendions les premières nouvelles; elles arrivaient graves et angoissantes; les lignes anglaises, rompues le 21 mars; les masses ennemies, s'enfonçant d'un élan qui semblait irrésistible entre les armées britanniques et françaises qu'elles menaçaient de couper l'une de l'autre; la botte allemande foulant lourdement un sol jusqu'ici inviolé; Amiens sous le canon.... C'était « grande pitié » de la terre de France.

Que laissait-on la Division Marocaine si longtemps

inutile dans un coin reculé de la Lorraine tranquille, tout étonnée, d'ailleurs, que l'ennemi ait choisi pour envahir la France d'autres chemins que ses champs et ses bois! Si grand était l'enthousiasme des troupes, si ardente leur volonté d'arrêter l'ennemi, si profonde leur conviction que contre leur valeur, la puissance de l'adversaire ne prévaudrait jamais, que l'ordre de départ semblait interminable à venir !

Le 31 mars, il arriva enfin.

« Il y a 500 ans, disait à la Division, le général Daugan, Jeanne d'Arc quittait Vaucouleurs pour courir à la délivrance du sol de France. »

« C'est de Vaucouleurs, que la Division Marocaine part aujourd'hui pour entrer dans la gigantesque bataille. »

« En avant. »

Et, convaincue de la grandeur de la tâche à remplir, mais confiante en son étoile, la Division s'embarqua.

Lorsqu'elle arrive dans la région de Boves, la première poussée ennemie semble momentanément arrêtée ; pendant près de trois semaines, elle reste en réserve de commandement, prête à intervenir dans un moment de crise. Cette crise se produit le 24 avril : ce jour-là, la droite britannique fléchit sous une attaque puissante, et, si dès le soir, les Australiens parviennent à reprendre Villers-Bretonneux, le danger néanmoins est loin d'être écarté. Les Anglais sont à bout de forces, ils ne disposent plus d'aucune réserve. Il est nécessaire de les relever et de refouler par un coup de boutoir vigoureux, l'ennemi qui menace directement Amiens.

C'est à la Division Marocaine que le Général Debeney commandant la première Armée fait appel pour cette capitale mission.

Dans la journée du 24, les quatre régiments de la Division passent rapidement sur la rive droite de l'Avre et se forment à l'Ouest et au Sud du bois de Gentelles. L'artillerie divisionnaire, encore engagée dans la région de Cottenchy, où elle travaille sans répit depuis le 11 avril, quitte ses positions de batteries en plein jour pour venir en toute diligence rejoindre la division.

Le 25, la situation de la droite anglaise est extrêmement confuse, les premières lignes, tenues par des troupes épuisées, subissent de nombreuses fluctuations : le front est indécis. L'artillerie ennemie fait rage.

Cependant, dans la nuit du 25 au 26, les quatre régiments de la Division Marocaine, au milieu de mille difficultés, gagnent leurs emplacements de départ.

Les guides que devaient fournir les Anglais, ne sont pas venus ou se sont perdus; on marche à la boussole dans l'obscurité complète; le front anglais même n'est plus continu : le 4e Tirailleurs, sans avoir traversé de troupes anglaises, se heurte à l'ennemi dès la sortie de Cachy et est obligé de livrer de durs combats pour atteindre sa ligne de départ.

Malgré tout, les régiments sont en place à l'heure H; la Légion à droite, le 4e Tirailleurs et le 7e Tirailleurs au centre, le 8e Zouaves, à gauche.

Les fatigues et les pertes de ces pénibles mouvements de nuit n'ont en rien diminué leur ardeur.

A 5 heures 15, l'attaque se déclenche. La brume est épaisse. Les bataillons s'ébranlent dans un ordre impressionnant.

En un instant, les premiers éléments ennemis sont culbutés. Mais l'alerte est vite donnée, et, sur ce plateau sans une ride, un feu violent de mitrailleuses se déchaîne, feu infernal qui rappelle Belloy, et qui sème la mort.

Les troupes anglaises à la droite de la division attaquent le bois de Hangard, elles échouent, arrêtées par une grêle de balles. La Légion prend leur place, et entraînée par le lieutenant-colonel Rollet, pénètre dans le bois, dont elle arrache morceau par morceau toute la partie ouest.

Le commandant Colin de si sympathique mémoire, les capitaines Sandré, Bouffé, Tartrais, Meyer, succombent à la tâche. Le commandant de Sampigny est blessé.

Les tanks anglais qui marchent avec la Légion ont fait merveille en nettoyant les lisières du bois de Hangard et largement facilité la mission de notre infanterie.

Les compagnies de tête du 4e Tirailleurs (régiment Aubertin), sont fauchées dès les premiers 500 mètres; à leur tête, le capitaine Faraud tombe glorieusement. Les deuxièmes vagues cependant dépassent les premières. La section de mitrailleuses du lieutenant Lebout constitue le détachement de liaison entre le 4e Tirailleurs et la Légion. On lui a fixé son itinéraire et sa vitesse de marche; elle part, des hommes tombent, la marche continue; le lieutenant tombe à son tour, le mouvement se poursuit, pas un blessé n'est revenu, pas un tirailleur n'a reparu, pas un n'a regardé en arrière. La section Lebout est couchée sur le plateau de Hangard.

A gauche du 4e Tirailleurs, le régiment Schultz s'élance ; le bataillon de Saint Léger, d'un seul bond, atteint la route Villers-Bretonneux, bois de Hangard ; c'est son objectif normal. Mais n'est-il pas coutume que le 7e Tirailleurs dépasse toujours son objectif normal ? Le sous-lieutenant Montfollet dont la bravoure fait l'admiration de tous, se lève pour enlever sa section ; à peine debout, il tombe, frappé d'une balle au front. Le capitaine Britsch, calme sous la mitraille, donne des ordres à ses agents de liaison ; une balle le couche à terre. Non loin de lui, tombent le capitaine Faye et le lieutenant de Boisrenard, héros légendaire de tant d'exploits passés.

A gauche de notre ligne, enfin, les zouaves du lieutenant-colonel Lagarde se sont élancés, le bataillon Durand en tête ; en deuxième ligne, le 3e bataillon dont le chef, le commandant Cadiot tombe bientôt, blessé par balle. Ils gravissent les pentes de crêtes du monument de Villers-Bretonneux, mais ne peuvent atteindre le but fixé à leur vaillance. En vain, le lieutenant Jolivald veut-il forcer le succès, il succombe de n'avoir pu accomplir sa mission.

Toute la ligne semble clouée au sol.

Soudain un soubresaut l'agite. Une petite troupe s'est dressée dans la plaine : cette troupe s'élance, elle passe comme une trombe entre zouaves et tirailleurs et magnifique, la baïonnette haute, méprisant les balles qui la déciment, officiers en tête, bondit sur l'ennemi d'un tel élan qu'elle le refoule jusqu'à la route du monument. Quels sont donc ces hommes prodigieux, qui, hurlant des paroles incompréhensibles, sont parvenus chose à peine croyable, à franchir cette zone de mort que zouaves et tirailleurs n'avaient pu dépasser ?

Ce sont les Russes de la Division Marocaine.

Gloire à eux ! Gloire à ceux qui sont tombés, et gloire aussi à ceux qui ont survécu, et qui, n'ayant pu, trop peu nombreux, se maintenir sur la position conquise, ont tenu à honneur, d'aller la nuit tombée, arracher aux mains de l'ennemi les cadavres de ceux de leurs frères qu'ils y avaient laissés !

La nuit est venue : aller plus loin est folie ; on s'organise sur le terrain conquis, tâche difficile sur ce glacis où n'existe aucun abri, que rase sans arrêt une nappe de balles et qu'ébranlent à intervalles irréguliers les plus terribles bombardements que nous ayons jamais subis.

A ces bombardements, notre artillerie riposte par

BLESSÉ

Soutenant dans son mouchoir entre ses dents, ses deux bras fracassés par les balles, stoïque, un tirailleur, obligé de quitter le combat, se rend seul au poste de secours.

l'énergiques tirs de C. P. O., que combine avec son habituelle maîtrise, le colonel Maloigne, commandant l'A. D. M. A la moindre demande de la première ligne, elle répond par de formidables barrages, et, sous sa vigilante protection, l'infanterie peut mener à bien l'organisation du terrain conquis que dirigent le colonel Schuhler, pour le secteur de la 2e brigade, et pour celui de la 1re brigade, le colonel Bouchez qui, en pleine bataille, a remplacé au P. C. de Gentelles, le colonel Mittelhausser, nommé au commandement d'une division et promu général.

Nous devons rendre hommage à l'héroïsme des Divisions Australiennes qui appuyaient à gauche notre attaque et avaient brillamment repris dès le 24 avril Villers-Bretonneux. Une touchante camaraderie de combat s'était établie de suite entre Zouaves et Australiens. Dans un terrain labouré par les obus — à aspect lunaire — où les trous de marmite constituaient seuls des abris de fortune individuels, on pouvait voir dans chaque entonnoir un zouave et un Australien qui, tout en fusillant le Boche, échangeaient entre eux leur « Corned-beef « et leur « singe » qu'ils arrosaient d'une bouteille de « pinard » dont les caves de Villers-Bretonneux faisaient les frais.

Elles étaient bien garnies, les caves de Villers-Bretonneux; grâce à elles, jamais l'entente ne fut plus cordiale avec nos braves alliés et la liaison plus intime sur le front.

Quant à lâcher un pouce de terrain dans ces conditions, malgré les effroyables bombardements continus, il n'en fut jamais question.

Braves Australiens, qu'ils soient assurés que la Division Marocaine a conservé d'eux un souvenir inoubliable.

Dès le 28 avril, un communiqué Nauen, faisait connaître au monde la vaillance de la Division.

« La célèbre Division Marocaine, troupe d'élite, qui fut engagée au bois de Hangard, au lieu et place des Anglais fortement ébranlés, subit des sacrifices sanglants, notamment pour le 1er régiment étranger, les régiments de turcos et de zouaves de cette division. Les vagues d'assaut furent dispersées par le feu violent des mitrailleuses allemandes; seuls quelques éléments des braves assaillants ennemis, atteignirent notre ligne au sud de Villers-Bretonneux. »

Le communiqué dit vrai ; nos sacrifices avaient été sanglants, 74 officiers et 3.500 hommes hors de combat étaient la rançon du succès obtenu.

Mais ce que le communiqué dit mal c'est que ces « quelques éléments de braves assaillants », avaient réalisé dans cette journée du 26, un gain de près de 2 kilomètres en profondeur.

Ce qu'il ne pouvait pas dire c'est que la 19e D. I. allemande, qui venait de monter en ligne pour attaquer le 26 au matin, devait, à la suite de pertes sanglantes que nous lui fîmes subir, être relevée le 28 par la 109e D. I. allemande, alors que la Division Marocaine restait en ligne jusqu'au 7 mai.

Enfin ce que nous pouvons ajouter, et ajouter avec fierté parce que c'est le résultat de notre œuvre et de nos sacrifices, c'est qu'à partir de ce jour-là, l'ennemi n'osa plus renouveler ses attaques.

La route d'Amiens lui était à jamais fermée.

« Le Boche apprécie notre valeur » disait le général Daugan à ses troupes en quittant la région, « il nous retrouvera. »

SOISSONS

28-29-30-31 MAI

Il devait nous retrouver effectivement moins de trois semaines plus tard, et cette nouvelle rencontre devait encore lui être fatale.

Après avoir, — suivant son pieux usage, — honoré ses morts et fêté pour la troisième fois son anniversaire du 9 mai, la Division Marocaine achevait de se reconstituer dans la zone de Nanteuil-le-Haudouin, Dammartin-en-Gœle, lorsqu'éclata l'offensive allemande du 27 mai.

Cette fois, c'est sur les armées de la France que l'ennemi s'abat; ce sont elles qu'il veut mettre hors de cause, comme son principal et plus redoutable adversaire.

D'un bond puissant, il franchit le Chemin des Dames; en une journée, il traverse l'Aisne et la Vesle, à pas de géant il marche sur Château-Thierry.

Le 28 mai à midi, la D. M. est alertée, le soir même elle est embarquée en camion-auto, le 29, elle débarque dans la région Dommiers, Chaudun, Missy-aux-Bois.

La situation qu'elle trouve est loin d'être brillante; l'ennemi a pénétré dans Soissons et atteint les hauteurs de

Belleu et de Buzancy. Les débris de quelques divisions françaises épuisées, tiennent à grand peine les lisières ouest de Soissons et la rive droite de la Crise.

Sans délai, au fur et à mesure de leur débarquement, les unités de la Division sont poussées vers Soissons, à cheval sur la route de Paris.

La Légion s'établit sur la montagne de Paris, le 8e Zouaves borde la Crise, le 7e Tirailleurs couvre Chaudun, le 4e Tirailleurs reste en réserve de division ; l'artillerie qui a fait en moins de 24 heures, une étape de près de 70 kilomètres, se met en batterie autour de Missy-au-Bois et de Cravançon.

Il était temps; cédant sous des forces supérieures, les divisions de première ligne refluent, le 7e Tirailleurs est obligé de porter ses trois bataillons, successivement en avant pour boucher les trous qui se sont produits à droite du 8e Zouaves, et le 30 mai au petit jour, la Division Marocaine est au contact de l'ennemi, sur un front s'étendant depuis Mercin et Vaux, à gauche, jusqu'à Léchelle, à droite, 10 kilomètres.

Sur le même rideau qui lui est opposé, l'ennemi dès le matin, s'élance avec furie.

Ah! certes, à qui n'eût pas connu les cœurs des combattants, la lutte eût paru inégale! D'un côté, trois divisions allemandes grisées de leurs succès de la veille, appuyées par une artillerie formidable, assurées de la supériorité numérique, sachant que derrière elles, viennent des unités fraîches qui exploiteront leurs victoires; de l'autre, une division, seule, ou à peu près, îlot intact au milieu du chaos, réduite à ses seules forces, et cette division est disposée en cordon sur une étendue de 10 kilomètres, et derrière elle, il n'y a rien, rien que le cœur du pays qu'elle doit protéger et qui bat précipitamment dans l'anxiété et l'angoisse.

Mais la fortune souriait à la France jusque dans ces jours de misère et de deuil : elle voulut que cette division fût la Division Marocaine.

A gauche, sur la montagne de Paris, la Légion sous les ordres du lieutenant-colonel Rollet, comme un bloc compact, que rien ne peut ébranler, résiste victorieusement à tous les assauts ennemis. En vain, les vagues succèdent aux vagues ; elles sont brisées avant d'atteindre nos lignes; jamais les mitrailleurs ne furent à pareille fête; ils tirent, tirent encore jusqu'à ce que l'ennemi comprenne enfin que plus de sang sera inutile, et que son nombre ne prévaudra jamais contre la valeur de la Légion. Le commandant Germann est couché parmi les vainqueurs qui ne virent pas la victoire ; c'était un ancien de la Légion ; un jour, bien malgré lui, il avait quitté ses légionnaires qu'il aimait tant, mais il avait voulu revenir pour mourir au milieu d'eux.

Cependant, sur la droite de la Légion, l'ennemi réussit à s'installer dans le village de Vauxbuin ; il déborde ainsi la gauche du régiment Lagarde, déjà violemment attaqué sur tout son front. A la menace de flanc, comme à la poussée de front, le bataillon Servais résiste avec une farouche énergie.

Qui donc, de ceux qui furent les témoins de cette lutte insigne, oubliera jamais celui qui en fut l'âme : le capitaine Servais ? On le voit, boitant très bas d'une blessure ancienne, (1) mais courant cependant, appuyé sur sa canne, à travers tranchées et trous d'obus, aller de groupe en groupe, communiquer à tous la flamme qui l'anime, et la haine farouche qui soutient la fragile enveloppe de son âme héroïque. Et lorsqu'il a vu ses trois compagnies, sûr de chacun de ses hommes comme de lui-même, il peut écrire à son colonel en toute tranquillité, au milieu de la tempête qui l'entoure : « ne vous inquiétez pas, on tiendra. »

Et le 8e Zouaves, tient en effet magnifiquement. Dans le château de Chevreux, la section Serriès fait face à trois directions différentes, puis l'ennemi la cerne complètement ; elle résiste, elle lutte corps à corps jusqu'à ce que l'essaim toujours plus nombreux qui l'entoure, finalement, la submerge.

A son tour, la 10e compagnie, ex-compagnie Servais, est encerclée ; mais elle veut, jusqu'en sa fin, être digne de son ancien chef. De 10 heures 30 à 14 heures, elle soutient une lutte sans merci ; à 14 heures, elle n'a plus d'armes, plus de munitions, alors les zouaves se battent à coup de poing, et leurs casques leur tiennent lieu de massue. A 14 heures 30, le capitaine Treyssac et tous les officiers sont tués ou blessés, il ne reste qu'un sergent et 12 hommes ; encore une fois, ils chargent l'ennemi et 7 d'entre eux réussissent à rejoindre nos lignes.

A la droite de la 10e, la compagnie Paris lutte avec la même énergie ; le capitaine Paris est tué.

---

(1) blessure qui avait entraîné un raccourcissement de la jambe de onze centimètres.

Pour arrêter le flot menaçant, le lieutenant-colonel Lagarde donna l'ordre à une compagnie de la Légion russe de contre-attaquer sur le plateau. Elle s'élance, officiers en tête. Les médecins eux-mêmes, entraînés par le souffle d'enthousiasme qui anime cette phalange glorieuse, oublient leur mission de charité. Il s'agit bien de ramasser des morts ou de soigner des blessés ! il s'agit du sort de la France. Et le docteur Silberstein, dépoitraillé, hurlant, pénètre la baïonnette haute, dans les rangs de l'ennemi ; on ne l'a plus revu. Sur 150 hommes, 110 sont couchés sur le plateau de Vauxbuin. Mais l'ennemi, au moins pour un instant, recule jusqu'au bas des pentes.

Le flot remonte encore.

Le bataillon Durand arrive qui l'endigue à nouveau.

A droite du 8e Zouaves, le régiment Schultz ne déploie pas moins de superbe énergie.

Les Allemands se sont infiltrés dans Chazelles, une contre-attaque du bataillon de Pascal les en chasse.

L'ennemi revient à la charge et refoule les tirailleurs ; mais le bataillon Mennetrier intervient, reprend une partie du village et la conserve contre tous les assauts. Le sergent Maklouf Mohamed, blessé d'une balle, continue à faire le coup de feu. Une deuxième balle l'atteint ; alors il se tourne vers son adjudant « ils ne m'auront pas vivant » dit-il, dans un sourire, et il meurt heureux.

Cependant le bataillon de Saint-Léger se porte en ligne pour étayer les deux premiers bataillons du 7e ; une bande d'avions ennemis, crachant la mitraille, tente en vain d'arrêter sa marche. Le commandant de Saint-Léger est blessé ; on le couche au pied d'un arbre, tel Bayard, face à l'ennemi. Il appelle auprès de lui son officier adjoint, lui remet ses papiers, le charge d'un compte rendu pour le colonel ; puis tournant la tête vers les agents de liaison, qui n'ont pas voulu le quitter « Laissez-moi, mes enfants, revenez auprès de vos camarades, dites-leur qu'il faut tenir coûte que coûte le terrain qu'on leur confie. Vous les arrêterez, souvenez-vous du 26 avril, vous les arrêterez encore. Bon courage. Je vous dis, adieu. » L'adieu devait être éternel.

Le 31 mai au matin, l'assaut reprend appuyé par de violents bombardements et par les attaques incessantes des avions de combat qui survolent en grand nombre, le champ de bataille.

L'ennemi ne réussit qu'à augmenter ses pertes; nulle part, la ligne n'a fléchi.

Mais elle s'amincit d'heure en heure; les deux sections de mitrailleuses du 5e chasseurs d'Afrique dont le chef, le commandant Martin, vient d'être blessé, constituent la seule réserve dont dispose le général commandant la Division Marocaine; elles sont engagées à leur tour. Bientôt ces mitrailleuses elles-mêmes sont détruites par le feu de l'artillerie; alors nos cavaliers prennent leur carabine, et joignant leur vaillance à celle des fantassins « rivalisant d'héroïsme avec des régiments de héros » contribuent par leur stoïque résistance à l'arrêt complet de l'attaque.

Cependant, les renforts français approchent; les têtes de colonne des 35e et 51e divisions apparaissent et dès midi vont tenter de refouler l'ennemi au-delà de la Crise.

Malgré les pertes sanglantes, les fatigues inouïes des 48 dernières heures, malgré que son chef, le colonel Schultz, grièvement blessé par balle, ait été obligé de quitter le champ de bataille, le 7e Tirailleurs, avec l'appui de chars d'assaut, veut encore participer à la lutte et telle est la vigueur de son attaque que l'ennemi est d'abord bousculé. Les avions de l'escadrille 104 qui, pourchassés de leur nid, trois fois en 48 heures, ont dû déménager sous le canon allemand, et qui, incertains du gîte du soir, prennent part à la bataille, emportant sur leurs ailes, pilotes, observateurs, mécaniciens, signalent dans l'allégresse, que le mont de Courmelles est à nouveau réoccupé et le ravin de Chazelles atteint.

Mais cette avance isolée ne peut être maintenue et excédés de fatigue, les tirailleurs reprennent bientôt leurs positions du matin.

Au cours de la nuit du 31 mai au 1er juin, la Marocaine est relevée par les 35e et 51e divisions.

Elle est meurtrie, épuisée, mais fière de l'œuvre accomplie. N'a-t-elle pas, en effet, pour la deuxième fois, en moins de deux mois, et fidèle à la noble mission qu'au départ de Vaucouleurs elle s'était donnée, protégé le sol de France de l'invasion du barbare ?

Le 29 mai, elle a formé une barrière de ses régiments invincibles, et voilà que, contre cette barrière, tous les assauts ennemis se sont brisés. Voilà qu'après trois jours de combats acharnés, après avoir usé contre nous, près de trois divisions, l'adversaire insolent qui marchait sur Paris, n'a pu obtenir d'autre avantage que de gravir à grand'-peine les pentes de la Crise.

Voilà que l'offensive allemande qui progressait à pas de géant s'est trouvée devant nous et par nous désunie, rompue, arrêtée à jamais.

Cette œuvre sera l'éternel honneur des régiments de la Division Marocaine.

SOISSONS

1er JUIN - 12 JUIN 1918

Les trois jours de combats épiques sur la Crise avaient pu affaiblir les effectifs de la Division Marocaine; les quatre jours de marches incessantes et d'évolutions sans nombre qui lui furent imposées du 1er au 4 juin pour la mettre en mesure tantôt d'interdire la forêt de Villers-Cotterets, tantôt de barrer le ravin de Cœuvres et tantôt encore d'organiser la ligne Taillefontaine-Berneuil-sur-Aisne, avaient pu causer aux troupes une fatigue extrême, mais l'ardeur de tous restait la même et au soir du 4 juin, lorsque pour arrêter l'ennemi redevenu menaçant, il fut fait de nouveau appel à la Division, sa valeur combative se retrouva intacte.

Dans la nuit du 3 au 4 juin, les Allemands étant parvenus à rejeter dans le ravin d'Ambleny les troupes qui tenaient le plateau de Pernant, d'urgence, la 1e Brigade (colonel Bouchez) est poussée vers le ravin de la Bargaine, puis engagée entre la Maladrerie et Courtanson. Mais comme si la seule présence de la Division Marocaine eut suffi à l'intimider, immédiatement l'ennemi s'arrête.

Le chasser du village d'Ambleny, le rejeter de la rive gauche du ruisseau de Betz où il avait pris pied, c'est pour le 4e Tirailleurs et la Légion affaire de deux nuits.

Cela fait, on organise la position. Des tranchées sont creusées, des fils de fer posés, des dépôts constitués, des communications et des liaisons établies. En cinq jours d'un travail opiniâtre l'organisation projetée est plus qu'à moitié réalisée. L'ennemi peut se présenter.

C'est le 12 Juin.

A 2 heures 30 se déclenche sur nos lignes un tir effroyable qui s'étend jusqu'à 12 kilomètres en arrière du front presque jusqu'à Pierrefonds, jusqu'au bois de Saint-Étienne où le commandant du Parc du Génie, le lieutenant Guillot est tué. Ambleny est complètement écrasé par des 210 et du 150. Toutes nos batteries sont prises à partie.

A 4 heures l'intensité du bombardement augmente. Les obus explosifs alternent avec les obus toxiques. Le ravin de Saint-Brandry, les routes, les carrefours, le plateau, les premières lignes, les P. C., celui de la Ferme de Ressons et le P. C. Messimy et le P. C. des Croutes sont couverts de mitraille, les communications sont coupées, les lignes téléphoniques rompues, les antennes de T. S. F. brisées.

A 4 heures 40, les mitrailleuses ennemies barrent par des tirs indirects tous les plateaux en arrière de nos premières lignes.

Oh! la grandeur tragique de ces heures de bombardement qui précèdent l'attaque! Et comment exalter jamais assez haut l'héroïsme de ces agents de liaison, coureurs, estafettes, cyclistes, téléphonistes qui dans la zone de mort — seuls presque toujours, sans autre témoin que leur conscience, sans autre soutien que leur esprit du devoir, sans autre espérance que celle de la Gloire modeste que procure le sacrifice anonyme — s'en vont réparant les lignes téléphoniques, portant de trous d'obus en trous d'obus le chiffon de papier où s'est exprimé la pensée des chefs, dépensant toutes leurs forces physiques et morales afin que du haut en bas de l'échelle hiérarchique, du soldat au général de division, une liaison intime subsiste, et que bientôt à l'heure de son attaque l'ennemi trouve la Division unie comme un bloc — pour le recevoir.

Cinq heures, l'attaque se déclenche. Tandis que les premières vagues de l'ennemi se précipitent sur nos lignes on peut voir ses colonnes en rangs serrés descendre du cimetière d'Ambleny, dévaler les pentes rapides de Montaigu, déboucher de la Plaine.

Alors simultanément, toutes nos mitrailleuses se mettent à tirer; les V. B., les fusils, les fusils-mitrailleurs, ensemble

— dans un bruit infernal crachent leur mitraille avec la mort.

Et lorsque la fumée se dissipe, tirailleurs et légionnaires peuvent avec satisfaction contempler l'œuvre accomplie : les Allemands sont terrés, partout arrêtés, fauchés par nos tirs ; pas un n'a franchi le ruisseau de Retz.

Mais bientôt l'ennemi se ressaisit et après un violent feu de mitrailleuses, de nouveau, s'élance à l'assaut.

Devant Ambleny que défend le bataillon Patriarche du régiment Aubertin, longtemps les vagues succèdent aux vagues, mais voilà que soudain la compagnie de gauche du bataillon est cruellement éprouvée, son chef, le capitaine Granier est tué, tous les officiers sont blessés ; les tirailleurs privés de leur chef refluent dans Ambleny et à leur suite les Allemands pénètrent dans le village et à l'abri des maisons s'infiltrent jusqu'à l'église.

Alors va se passer une chose admirable. La 22e compagnie, compagnie du Centre, déjà vivement pressée à l'Est, soudain voit l'ennemi installé dans son dos ; elle est environnée d'Allemands de tous côtés. Mais son chef le capitaine Favier, jeune héros, au profil d'aigle a su lui insuffler son énergie indomptable et son ardeur guerrière — Pas une minute l'idée ne vient aux tirailleurs de céder le terrain qui leur avait été confié.

L'ennemi attaque à l'Est, ils font face à l'Est, l'ennemi attaque à l'Ouest, ils font face à l'Ouest et ainsi les sections se dédoublent et le danger décuple leur valeur. Le sergent Ahmed, 14440, au nom d'Allah harangue les Arabes et l'on peut l'entendre au milieu des imprécations prononcer cette phrase épique « Kif Chei Ouldi, allemand barkal » — « Ce n'est rien les enfants, ce ne sont que des Allemands ».

Le tirailleur français Prevalet, sans se troubler, tourne vers l'Ouest le canon de son fusil mitrailleur, face à la tranchée de soutien, tandis que le capitaine Favier, dont le calme ne se dément pas un instant et dont le danger augmente le courage, prend avec lui une section de mitrailleuses, la dernière réserve du bataillon, contre-attaque avec furie et est assez heureux pour rejeter les Allemands du village d'Ambleny.

A 6 heures 30 un message de T. P. S. répété par T. S. F. signale que la première ligne est intacte.

A droite du 4e Tirailleurs, le front du régiment Rollet est soumis à des attaques non moins violentes — chaque homme se bat avec cette haine ardente du Boche qui caractérise les légionnaires. De la Fosse-en-Haut, Coat voit descendre un groupe de 22 Allemands avec deux mitrailleuses lourdes et deux mitrailleuses légères. Il n'hésite pas ; escorté d'un sergent il fonce à la baïonnette, tue 4 Allemands, ramène 18 prisonniers et quatre mitrailleuses — Un peu plus bas un autre légionnaire a les deux jambes broyées, un bras fracassé; il tombe et se tournant vers son officier demande en souriant « d'être exempté pour un jour d'exercice » Comment le Boche passerait-il en vérité ?

Et d'ailleurs nos artilleurs — qu'un avion signale environnés d'obus, mais qui ont mis bas leurs vestes pour mieux tirer, donnent aux fantassins l'appui d'un barrage merveilleusement ajusté et à peu près ininterrompu.

Jamais nos artilleurs, artilleurs lourds comme artilleurs de campagne, ne furent plus grands qu'en ce jour du 12 juin; jamais mieux ils ne manifestèrent aux fantassins leur camaraderie et leur valeur.

Ils sont soumis à des tirs de destructions effrayants; les dépôts sautent, les boyaux sont comblés, les abris s'effondrent, des canons sont écrasés. Mais pas une demande de barrage ne reste sans réponse. Oh! l'A. D. M. ne ménage pas sa peine! A la 6e batterie il ne reste pour ainsi dire plus personne aux pièces; 22 servants sont tués ou blessés. Mais qu'importe les pertes! Les fantassins ne souffrent-ils pas plus encore et ne convient-il pas de les soulager? Le lieutenant Tourre, blessé lui-même, s'est mis aux pièces et tantôt pointeur, tantôt tireur, alternant avec son ordonnance, fou d'enthousiasme et d'héroïsme, tire, tire encore, tire sans arrêt, arrachant des larmes d'admiration aux quelques survivants de sa batterie.

7 heures 30. — Le bombardement continue, mais la situation est changée.

A la droite de la Division la ligne a cédé, l'ennemi a franchi le ruisseau de Retz. Une section de Légion cernée de ce fait dans la Fosse-en-Haut est dégagée par une 2e section; d'autres fractions viennent prendre position sur la croupe Sud de Saint-Bandry afin de parer à l'encerclement du régiment. Pour tenir les organisations de la ligne de soutien le colonel commandant la 1re brigade fait appel à la compagnie 26/2 du Génie et à une compagnie du 32e R. I. T. Braves territoriaux! Ils ont fait jusqu'alors tous les métiers; terrassiers et porteurs, ils ont passé au travail des journées et des nuits, ils ont sous le soleil d'été et dans la boue d'hiver, toujours sous les obus, peiné, sué, souffert,

Sur le champ de bataille de la veille, dans le brouillard du matin, le général vient féliciter quelques braves d'hier, héros de demain, et c'est un même sentiment de profonde et solidaire affection qui rapproche et fait vibrer tous ces cœurs dont la tâche formidable est commune.

et voici qu'aujourd'hui ils sont en première ligne, mêlés aux tirailleurs, mêlés aux légionnaires, au milieu de la plus formidable bagarre qui se puisse imaginer — et eux, sans considérer ni leur âge, ni leur situation, sachant seulement que la patrie est en danger, calmement mais résolument, font à la France l'offrande sublime de leur vie.

Midi. — La situation empire — Les éléments qui à notre droite tenaient Courtanson se retirent vers le Chat Embarrassé. Pour boucher le trou qui se produit le colonel Rollet engage tout ce qu'il peut trouver disponibles, des éléments mélangés de ses trois bataillons, deux sections du Génie, jusqu'aux pionniers du régiment qui, sous les ordres du sous-lieutenant Mader, à la légendaire bravoure, arrêtent dans le ravin Ouest de Courtanson l'infiltration de l'ennemi.

Mais en vain l'artillerie écrase de ses feux les rangs allemands, en vain notre escadrille jalouse de la gloire de l'infanterie se jette éperdument dans la bataille et arrose de mitraille et de bombes les réserves qui descendent de Montaigu.

L'ennemi attaque avec des forces nouvelles. Que va-t-il advenir de la 1re Brigade, menacée d'un débordement complet?

Heureusement la 2e brigade s'est mise en route dès les premiers coups de canon, et la voici qui arrive, le bataillon Mennetrier en tête, et comme le colonel Schuhler sait bien que le danger n'est pas sur le front des Tirailleurs et des Légionnaires qui ont toujours tenu et qui tiendront toujours, il oriente directement vers le Sud ses deux régiments.

A 18 heures, le bataillon Mennetrier est tout entier déployé à hauteur de la Chapelle-Saint-Laurent ; un peu plus tard, à sa droite, le bataillon de Pascal borde le ravin de Laversine. Plus au Sud encore — à 20 heures 45, le bataillon Servais du 8e Zouaves en avant de la ferme du Murger interdit à l'ennemi le débouché de Cœuvres.

La nuit est complètement tombée. La canonnade décroit — le combat cesse — La Division Marocaine qui au début de la bataille tenait un front de quatre ou cinq bataillons s'étend maintenant sur 10 kilomètres — et ce mince rideau l'ennemi n'osera plus l'attaquer.

Nos pertes devant Soissons dans la période du 28 mai au 18 juin atteignaient les chiffres de 94 Officiers et 4.139 hommes.

Le 12 juin — comme le 26 avril — comme au 30 Mai — le secteur confié à la garde de la Division Marocaine est resté inviolé.

Et pourtant les Allemands avaient préparé cette attaque avec un soin minutieux et des forces imposantes : trois régiments de la 34e D.I. avec trois bataillons d'une autre Division ont attaqué Ambleny; des documents en font foi. Comment donc expliquer sa défaite ?

Le rapport d'opérations de la Division Marocaine donne l'explication : « Que si l'on cherche les causes du succès de la défense, on pourra parler des dispositions prises, des organisations préalables réalisées, du tir de C. P. O. exécutés, des bénéfices réels tirés par les défenseurs de la connaissance qu'ils avaient d'un secteur tenu depuis huit jours, on pourra parler de l'énorme ravitaillement en munitions qui fut exécuté en pleine bataille. — Mais en fin de compte, il en faudra venir à ceci : la ligne a tenu à cause de l'héroïsme des défenseurs; l'ennemi a échoué parce qu'il a trouvé devant lui des soldats qui voulaient tenir..... »

« FRANCE »

« Terre de dévouement, de l'honneur, de la foi,
Il ne faut donc jamais désespérer de toi,
Puisque malgré tes jours de deuil et de misère,
Tu trouves « des héros » dès qu'il t'est nécessaire. »

18 JUILLET

C'est dans la nuit du 19 au 20 juin, la Division Marocaine est relevée et envoyée au demi-repos, partie sur les bords de l'Aisne (Rethondes-Attichy), partie dans la forêt de Compiègne (Saint-Jean-aux-Bois, La Brévière, Camp de Champlieu).

L'infanterie se refait de ses fatigues et répare ses pertes. L'artillerie, — dont trois mois de combat ont pu briser le corps sans amoindrir la vaillance — après quelques heures à peine de tranquillité, est à nouveau sur la brèche.

Le 28 juin, elle appuie l'attaque de la 153e D. I. sur Cœuvres et Saint-Pierre-Aigle.

Le 3 juillet, elle participe à une opération du 30e corps, dans la région d'Autreche.

Le 5 juillet, elle est mise à la disposition du 11e C. A., à Ivors, et partout elle fait admirer sa science impeccable et son admirable mépris du danger.

LE DÉPART DU 4e TIRAILLEURS.

Cependant — comme si ce n'était point assez des pertes et des deuils causés par le canon et les mitrailleuses allemandes — un cruel coup du sort amputait douloureusement la Division.

Par décision du haut commandement, le 4e Tirailleurs est affecté à une autre grande unité.

Le 30 juin, dans le calme recueilli de la forêt de Compiègne, sous le dôme ombreux de ses grands arbres, le 4e Tirailleurs et la Légion, régiments frères de la première brigade, liés par cent combats, sont réunis pour un dernier adieu.

Et après la suprême revue, après un salut solennel au drapeau tant aimé, devant les officiers assemblés, le général Daugan, ancien chef du 4e Tirailleurs, la voix brisée par l'émotion, exprime à ceux qui partent son affliction profonde et les regrets de tous.

Notre gloire était faite de la gloire du 4e Tirailleurs, nos succès avaient été payés de son sang. Il semblait que tant de souvenirs communs, tant d'espoirs et d'angoisses, de périls et de succès que nous avions partagés, eussent dû rendre indissolubles les liens qui nous unissaient.

Nos chefs en ont décidé autrement.
Confiants en eux, nous nous inclinons.
Mais très amèrement, nous pleurons.

Et le 4 juillet, dans cette région de Bethisy-Verberie, où, après deux ans passés, retentit encore l'écho joyeux de ses noubas et de ses fêtes — le 4e Tirailleurs s'embarque vers d'autres destinées.

Que le colonel Aubertin, les officiers et tirailleurs du 4e, aient l'assurance qu'ils ne seront jamais oubliés.

ARRIVÉE DES BATAILLONS SÉNÉGALAIS ET MALGACHES

Le jour même du départ du 4e Tirailleurs, arrivait au camp de Champlieu le 43e bataillon Sénégalais (Commandant Paulet); le 7 juillet, débarquait dans la région, le 12e bataillon Malgache (Commandant Hippeau) et le 8 juillet, le 27e bataillon Sénégalais (Commandant Coronnat).

Avec ces trois bataillons, également beaux, également ardents, également dignes d'entrer dans la Division Marocaine, est reconstituée la première brigade — à laquelle est en outre rattaché le reste du bataillon Russe, aux ordres du capitaine Loupanoff.

En même temps que de couleur, la Division Marocaine change de titre. Elle devient « la première Division Marocaine. » A la vérité, elle ne tenait pas essentiellement à recevoir un numéro d'ordre ; mais puisqu'aussi bien, il doit exister désormais plusieurs divisions marocaines, il ne lui déplaît pas que tout le monde sache que — n'étant plus la seule — elle est toujours la première.

SECTEUR DE HAUTEFONTAINE.

Ainsi reconstituée et après 15 jours à peine de repos, la 1re Division Marocaine prend le 8 juillet, au Nord de Villers-Cotterets, le secteur compris entre Cutry et le carrefour du Conservateur de la forêt de Retz.

Le 8e Zouaves tient Cutry, le 7e Tirailleurs les ruines de Cœuvres. A part des bombardements par obus toxiques, violents certes, et fréquents, et meurtriers, aucun incident particulièrement notable, ne marque le séjour de la 2e brigade en ce secteur.

A sa droite, la 1re brigade est collée à la lisière des bois, exposée à toutes les surprises. Avant toutes choses, il faut remédier à cette situation fâcheuse et sans délai, Légionnaires et Tirailleurs Sénégalais se mettent à la tâche.

Par une infiltration audacieuse et méthodique à la fois, le 43e bataillon Sénégalais s'enfonce dans la forêt ; il chasse devant lui les avant-postes ennemis ; le 15 juillet, en plein jour, il saute sur les hameaux de Chafosse et de Petit Chafosse, tandis qu'à sa gauche la Légion s'empare de Lorient et du Jardin.

En quatre jours, les unités de la 1re brigade ont réussi à progresser de deux kilomètres, et se sont installées solidement à la lisière des bois, s'assurant ainsi une base de départ meilleure en vue d'opérations ultérieures.

ATTAQUE DU 18 JUILLET

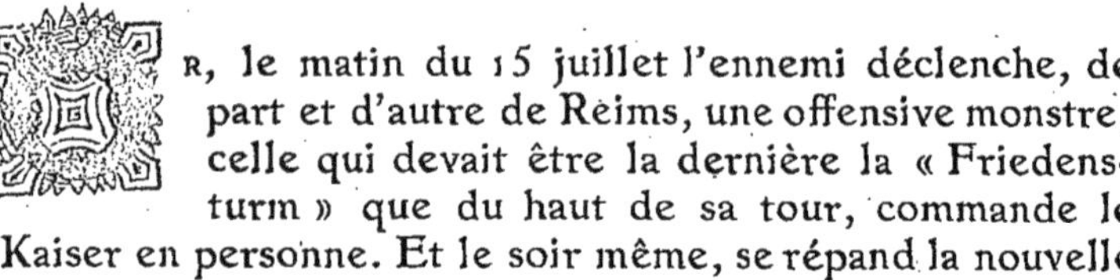

R, le matin du 15 juillet l'ennemi déclenche, de part et d'autre de Reims, une offensive monstre, celle qui devait être la dernière la « Friedensturm » que du haut de sa tour, commande le Kaiser en personne. Et le soir même, se répand la nouvelle que, à peu près sur tout le front de bataille, la ruée de l'ennemi a été arrêtée. Serait-ce pour lui après tant d'heures trop heureuses, le signal du déclin? Et le jour tant souhaité, allait-il luire bientôt, où la Division Marocaine, lasse de combattre défensivement, allait pouvoir enfin renouer la chaîne rompue de ses traditions anciennes, reprendre le rôle offensif, où jadis elle avait excellé et foncer à son tour sur les lignes adverses, avec la rage accumulée dans son cœur par quatre mois de batailles qu'elle avait dû subir ?

Certains indices pouvaient faire prévoir que ce jour bienheureux n'était plus fort lointain.

Voici qu'en effet des mouvements insolites se produisent. A vrai dire, ils ne sont pas visibles de tout le monde ; ils ne se font que nuitamment, et l'ennemi n'en peut rien soupçonner.

Voici que des canons montent vers les tranchées, et des canons encore — de tous calibres et de tous modèles — qui, après avoir pris position, se figent dans le silence.

Et voici que des files interminables de camions remplissent les nuits du bruit de leur roulement ininterrompu.

Et voici que, derrière canons et camions, des fantassins se pressent, et ces fantassins portent tous l'uniforme kaki des combattants d'Afrique !

Et après les fantassins, des cavaliers !

Et voici enfin que des chars d'assaut innombrables apparaissent, des grands et des moyens, des petits Renault et des Schneider gigantesques.

Et tout cela, camions, fantassins, cavaliers, chars d'assaut, s'engouffre et disparaît dans la forêt immense. — Et de jour, les avions boches pourront survoler profondément et longuement nos positions, ils ne constateront que le désert des routes et le calme des lignes.

Qui dira le rôle immense joué en cette affaire par la forêt de Villers-Cotterets? Elle semblait n'avoir été créée que pour des chasses et des fêtes; elle semblait n'avoir poussé vers le ciel ses arbres magnifiques que pour parer la France d'une grâce de plus; mais elle n'a pu rester étrangère au drame sanglant qui se jouait près d'elle, et, non contente de former de sa masse sombre une barrière infranchissable aux assauts ennemis, elle a voulu mettre au service du pays l'ombre propice de ses hautes futaies et les secrets de ses retraites profondes.

Et dans la nuit du 17 au 18 juillet, la forêt déverse le flot, un moment contenu.

L'infanterie en sort pour prendre ses positions de départ.

Les chars d'assaut gagnent leurs emplacements de combat.

Des batteries s'installent à 600 mètres des lignes, d'autres, toutes attelées, restent sur route afin de suivre au plus près l'infanterie.

Des équipes de travailleurs sont prêtes pour réparer routes et pistes.

Les cavaliers apprêtent leurs chevaux, et leurs longues colonnes envahissent les routes.

Cependant que des préparatifs s'achèvent, dont le bruit trouble seul le calme de la nuit, l'ennemi repose, confiant; pas un obus n'est tiré.

4 heures 35. Le jour va poindre. — Alors un déluge de feu s'abat soudain sur les positions allemandes; l'armée Mangin s'ébranle, et de l'Aisne jusqu'au delà de la forêt de Villers-Cotterets, la longue file des divisions kaki — fine fleur des armées de France — se jette éperdûment sur le flanc de l'ennemi. Minute à jamais mémorable, qui marque la fin de nos épreuves, et qui ouvre l'ère tant attendue des victoires enfin décisives!

Derrière le barrage roulant, accompagnée des chars d'assaut du groupement Chanoine, encadrée par des divisions américaines qu'elle entraîne, la 1re Brigade Marocaine débouche.

Au Nord du Ru de Saint-Pierre-Aigle, la Légion profitant du terrain découvert, uni, propice à une marche facile, dépasse d'un bond les premières lignes, enlève la ferme de la Glaux, et pousse hardiment vers l'Est, suivie de la 2e brigade entière, tandis qu'à sa droite et pour couvrir son flanc, le Bataillon Malgache se rabat sur Dommiers et Chauffour, dont il s'empare dans un élan superbe, faisant plusieurs centaines de prisonniers, capturant canons et mitrailleuses.

Et cependant, que la Division entière, par une marche audacieuse, défile dans l'étroit couloir de terrain libre dont elle dispose, les 43e et 27e bataillons Sénégalais, groupés sous le commandement du lieutenant-colonel Cadiot, s'emploient à la conquête du terrain boisé, raviné, difficile, qui s'étend au Sud de la ligne Dommiers-Saint-Pierre-Aigle. Les bois pullulent de mitrailleuses qui crépitent, de batteries qui tirent leurs derniers obus, mais les Sénégalais escortant les tanks, leur couteau à la main, fouillent un à un chaque taillis, chaque buisson, et après des corps à corps sanglants — après avoir tué ou écrasé tous les défenseurs qui se cramponnent dans le dernier lambeau qui leur reste de l'immense forêt, débouchent, enfin vainqueurs, à l'air libre, à la lisière du bois du Quesnoy.

A 7 heures, la 1re brigade a atteint son objectif.

Sans marquer de temps d'arrêt, la 2e brigade, aux ordres du lieutenant-colonel Lagarde, dépasse la Légion, et s'épanouit en éventail. La marche est d'abord facile, mais à Cravançon de nombreuses mitrailleuses tentent d'arrêter le 8e Zouaves. On fait alors appel aux chars d'assaut et bientôt la ferme est débordée, ses défenseurs sont écrasés ou prisonniers et la progression continue. A Chaudun, résistance nouvelle et acharnée. Mais les chars d'assaut veillent, et Chaudun comme Cravançon est débordé, cerné, dépassé. Sur la cote 137, une batterie est encore en action, les zouaves s'en emparent. Puis ils abordent le plateau à l'Ouest de Léchelle et de Vierzy. Ici des feux de mitrailleuses nourris les accueillent. Il est nécessaire de faire de nouveau appel aux chars, malheureusement des batteries situées à la tête du ravin de Léchelle tirent de plein fouet, à vue directe sur les chars, et ceux-ci flambent et meurent héroïquement.

Leur sacrifice ne sera pas inutile ; à 9 heures 30, zouaves et tirailleurs, d'un même élan, sautent dans la tranchée du G. M. P. qui jalonne l'objectif normal assigné, et leurs reconnaissances poussent hardiment jusqu'à la tête du ravin de Chazelle et de Léchelle.

La progression réalisée dépasse déjà six kilomètres. Derrière les lignes d'infanterie, l'artillerie s'avance par échelons, aussi vite que le lui permettent l'état du sol bouleversé et l'encombrement des routes, sur lesquelles camions de ravitaillement et colonnes de cavaliers se pressent et se bousculent. A midi, cinq groupes — parmi lesquels évidemment les groupes de l' A. C. D. M. — ont réalisé ce tour de force, de dépasser les ruines amoncelées de Dommiers et les réseaux épais des défenses allemandes, et à midi ils sont en batterie en arrière et près de Cravançon, tout prêts à appuyer de nouveau la reprise de marche.

L'escadrille 104, partageant l'enthousiasme général, se prodigue avec une folle bravoure. A 100 mètres au-dessus du sol, ses avions accompagnent l'infanterie et signalent sa progression rapide.

Le capitaine Aron, à qui sa qualité de chef confère le devoir d'être le plus brave de cette phalange de braves — pousse la vaillance jusqu'à la témérité et meurt bientôt, frappé en plein ciel de gloire, en annonçant la victoire.

L'ennemi est refoulé, bousculé, il faut profiter de sa surprise et foncer tant qu'il ne s'est pas ressaisi.

Malheureusement, si la 2e D. I. U. S. à droite, a pu progresser jusqu'à Vierzy, à gauche, la 1re D. I. U. S. a trouvé une vive résistance dans le ravin de Missy-aux-Bois, et malgré des prodiges de vaillance, atteint à peine la grande route de Paris.

Aussi lorsqu'à 15 heures 30, appuyée par des chars Renault, la 2e brigade veut continuer l'attaque, elle est prise de flanc par les mitrailleuses installées au Sud de Ploisy et de Berzy-le-Sec, et ne peut atteindre le ravin de Chazelle.

De nombreux avions allemands qui survolent et mitraillent nos lignes, à très faible hauteur, ont signalé notre mouvement et un violent tir de barrage se déclenche. Les chars Renault flambent tour à tour. Il faut momentanément se terrer.

Mais le soleil est encore haut, on peut gagner une nouvelle bataille.

A 20 heures, le 8e Zouaves attaque à nouveau, et liant son mouvement à celui des Américains à droite, réussit à réaliser au Sud du ravin de Léchelle une nouvelle progression de près de deux kilomètres.

La nuit est venue : les troupes tombent de fatigue. Mais qu'importe la fatigue, après le succès obtenu !

On attaquera demain.

Effectivement, le 19 à 4 heures 30, la marche est reprise sur tout le front. Le 7e Tirailleurs attaque en direction de Chazelle, tandis que le 8e Zouaves contourne par le Sud le ravin de Léchelle.

Les chars Renault participent encore à l'opération.

Mais, tandis que le 7e Tirailleurs rencontre devant lui une résistance opiniâtre qui brise ses efforts, en lui occasionnant des pertes sévères (le commandant de Pascal est blessé), à droite, au contraire le 8e Zouaves progresse de façon lente, mais continue.

Les bataillons Servais et Jozereau s'infiltrent dans les blés et à 11 heures, le commandant Callais qui, quoique blessé conserve le commandement de son régiment, rend compte que les croupes Ouest et Sud de Charantigny sont atteintes.

A 13 heures 30, Charantigny est occupé, dépassé, et le 8e Zouaves se replie au Sud vers la Raperie de Villemontoire, avec la 2e D. I. U. S.

Mais ce n'est point assez encore, on ne laissera nul répit à l'ennemi.

Tandis que le 43e bataillon Sénégalais, relevant un bataillon de Zouaves attaquera, du Sud au Nord, parallèlement à la route de Château-Thierry, pendant que le 7e Tirailleurs masquera le front Chazelle-Léchelle, la Légion, qui vient de perdre le commandant Marseille, blessé, progressera le long des pentes Nord — afin de réaliser l'encerclement du ravin dont les défenseurs résistent opiniâtrement.

A 20 heures, le mouvement s'amorce. Zouaves et Sénégalais coiffent d'un bond la cote 146. Au Nord, le bataillon de Légion Jacquesson, malgré les tirs de mitrailleuses, à minuit, enlève Vésigneux et avant le lever du jour, atteint la voie ferrée à l'Ouest d'Aconin. Plus de 200 prisonniers encerclés dans la poche tombent entre nos mains, les autres défenseurs sont tués.

Le lendemain, nouvelle attaque, nouveau succès. La Légion occupe Aconin et obtient enfin la grande route de Château-Thierry.

Mais l'ennemi commence à se ressaisir et réagit violemment.

Le commandant de Sampigny qui, blessé le 26 avril, est rentré de la veille, et a pris le commandement du bataillon Marseille, est écrasé par un obus.

La croupe 146 et le ravin à l'Ouest, sont soumis à un bombardement intense, qui oblige le 43e Sénégalais à abandonner le sommet de la crête. En vain, un brillant assaut du bataillon Mennetrier du 7e Tirailleurs, nous en rend maître à nouveau : bientôt, une contre-attaque nous oblige à nous retirer à quelques centaines de mètres à l'Ouest d'Aconin et de la route de Château-Thierry.

Et dans la nuit du 20 au 21, la Division qui a perdu au

cours de cette contre-offensive 60 officiers et 2.500 hommes est retirée, laissant à d'autres le soin d'exploiter sa victoire.

Le Général commandant la Division Marocaine résumait dans l'Ordre général suivant, les succès de ces glorieuses journées.

ORDRE GÉNÉRAL N° 14

« La Division Marocaine vient de participer à une des plus brillantes offensives déclenchées contre l'ennemi et d'ajouter de nouveaux lauriers, à ceux déjà si nombreux, recueillis depuis quatre années sur le front de France.

Partant d'un terrain difficile, boisé, fortement raviné, énergiquement défendu, couvert de mitrailleuses.

Ayant près de deux kilomètres à parcourir dans la forêt de Villers-Cotterets, avant de déboucher sur le plateau libre.

Zouaves, Légionnaires, Tirailleurs Algériens. Sénégalais et Malgaches, dans un élan formidable, appuyés par une artillerie active et de nombreux chars d'assaut, ont bousculé l'ennemi, gagné près de 11 kilomètres en profondeur, coupé la route de Soissons à Château-Thierry, fait plus de 1.500 prisonniers, pris 50 canons avec leurs munitions et des mitrailleuses en nombre considérable, laissant le terrain couvert de cadavres allemands.

Pour la première fois, la Division Marocaine a marché, encadrée de deux divisions de nos amis américains qui se sont battus héroïquement, cueillant comme nous, prisonniers et canons.

Notre grand succès d'hier est un sûr présage de la victoire de demain qui unira d'une façon indissoluble le drapeau tricolore au drapeau étoilé. »

L'ennemi a été pris par notre attaque du 18 juillet, en flagrant délit de manœuvres; tandis qu'il passait la Marne, nous avons enfoncé son flanc droit, et voici que sous le choc sa masse entière chancelle; demain, il sera contraint d'évacuer la poche de Château-Thierry.

La victoire a définitivement changé de camp; elle nous restera fidèle.

Allons vite refaire nos forces, pour donner le dernier assaut, avant l'hallali.

LES QUATRE DRAPEAUX DE LA DIVISION MAROCAINE

LES OPÉRATIONS DE SEPTEMBRE DE JUVIGNY A ALLEMANT

UNE fois de plus, la Division ayant traversé à pied les régions familières à tous de Vaubéron, Mortefontaine, Taillefontaine, Vivières, est ensuite enlevée en camion-auto. Elle laisse à la Xe Armée les 27e et 43e bataillons Sénégalais ; c'étaient des compagnons d'armes de fraîche date; ils ne nous en étaient pas moins chers; une seule bataille avait scellé pour toujours notre amitié. Le 18 juillet ils nous avaient donné toute la mesure de leur magnifique bravoure ; ils s'étaient montrés dignes de faire partie de la Division Marocaine; leur plus ardent désir d'ailleurs semblait être de continuer la guerre au milieu des Tirailleurs, Zouaves et Légionnaires dont ils avaient pu apprécier la camaraderie et la valeur. Et les regrets de cette séparation furent unanimes et réciproques.

REPOS A BRETEUIL.

Après un court voyage sans incidents, la Division Marocaine est débarquée derrière le front de la 1e Armée, dans la région de Breteuil, Francastel, le Saulchoy-Gallet, Oursel-Maison. Ici aussi nous nous retrouvons en pays de connaissance. C'est le vieux camp de Crévecœur, à peine changé, d'aspect un peu moins sévère que jadis peut-être, mais si peu!

A vrai dire, nous n'avons pas le temps de nous y ennuyer; le 4 août nous glissons vers le Sud, vers Nourard-le-Franc, Plainval, Saint-Just-en-Chaussée.

Le 7 août nous descendons encore, sur Thieux, Ansauvillers, Montreuil-sur-Brèche.

Là, nous achevons de nous reconstituer; certes la tâche est ardue. Il faut considérer que c'est la troisième reconstitution en trois mois. Les cadres et les spécialistes s'épuisent, les éléments indigènes sont neufs, (un bataillon de jeunes Constantinois est venu s'accoler au 7e Tirailleurs, dont les trois bataillons anciens d'Oranais ont été fondus en deux); les troupes spéciales (Légion et Légion russe) voient leur recrutement se tarir — Mais cette besogne ingrate de refonte des unités n'effraye personne; nos chefs en ont hélas! une telle habitude; et d'ailleurs ne savent-ils pas que si l'instruction pêche un peu, chacun s'efforcera d'y suppléer par un surcroît de vaillance, que s'il y a moins de science il y a plus de bravoure et que la valeur de tous sera décuplée pour compenser la faiblesse des effectifs.

Le Colonel Bertrand remplace à la tête de la 2e Brigade le Colonel Schuhler nommé la veille d'attaque du 18 juillet, au commandement d'une division d'Afrique.

Cependant que se poursuit cette œuvre de reconstitution, la 1re Armée — dont nous sommes réserve — attaque à grand fracas de Montdidier à Boves — en liaison avec les Armées britanniques.

C'est encore une magnifique victoire, fertile en conséquences; c'est dès le début la délivrance d'Amiens, la prise de Montdidier — et afin qu'il puisse être écrit que pas une des grandes batailles de la grande guerre, de celles qui compteront dans l'histoire, n'a été livrée sans que la Division Marocaine y prenne part — notre artillerie, mise à la disposition du 35e C. A., nous représente en cette affaire; elle mit son honneur à se surpasser et se surpassa en effet.

Puis, comme la poche d'Amiens se vidait peu à peu et que le front se rétrécissait, notre présence fut jugée inutile en ce coin du champ de bataille et subitement le 27 août nous étions de nouveau embarqués en camion-auto.

L'itinéraire du voyage nous est connu, c'est en sens inverse, celui que nous avons parcouru il y a un mois. Nous revenons à la Xe Armée, Armée Mangin, dans cette région du Soissonnais, théâtre deux fois déjà en 1918 des exploits de la Division.

Débarquement la nuit dans la zone Cuise-Lamothe,

Couloisy, Courtieux; passage de l'Aisne à Vic le 28 à 4 heures; le soir regroupement entre Tartiers et Nouvron-Vingré, à 3 kilomètres du front. Évidemment on attaquera bientôt; l'animation qui règne le dit clairement.

L'Armée Mangin doit essayer de rompre le front ennemi entre l'Aisne et le massif de Saint-Gobain en direction de Laon. Le centre du dispositif est constitué par le 30e C. A. auquel nous sommes rattachés; la Division Marocaine doit marcher en deuxième ligne sur les traces de la 32e D. I. U. S.; axe : Juvigny, Vauxaillon. Nous voilà orientés.

Le 29, à 5 heures 25, l'attaque se déclenche, mais se heurte à une résistance acharnée sur tout le front : autrement dit elle échoue. « Parbleu! la Division Marocaine n'était pas en tête! » explique un tirailleur.

Cependant le 30 au soir, la 32e D. I. U. S. dans un admirable élan repart à l'assaut et enlève Juvigny. Le 31, elle progresse encore et atteint la route de Béthune au Nord de la Raperie.

LE 2 SEPTEMBRE.

Mais elle est épuisée et le 1er Septembre, la Division Marocaine à qui vient d'être affecté un magnifique escadron — le 3e du 1er spahis — reçoit l'ordre de relever les Américains la nuit suivante en vue de reprendre l'attaque le 2.

Le dispositif de la Division est le suivant : brigades accolées, Brigade Bouchez au Sud, Brigade Bertrand au Nord. Dans la 1re Brigade, à droite le bataillon Malgache du Commandant Hippeau ayant derrière lui le bataillon Russe, à gauche la Légion Étrangère, du Colonel Rollet.

Dans la 2e Brigade, en tête les Tirailleurs, du Lieutenant-Colonel Mensier, en queue les Zouaves du Lieutenant-Colonel Lagarde.

A 14 heures, après une préparation d'artillerie de quatre heures, les vagues d'assaut débouchent mêlées aux chars Renault.

Ce que fut le départ, son admirable élan, inutile d'insister: il fut pareil à celui des précédentes attaques, plus beau si possible — et c'est tout dire.

Les bataillons Taillemitte et Josse du 7e Tirailleurs traversent d'un bond fougueux la grand'route bordée d'arbres, de Soissons à Coucy, formidable position qui domine tout le plateau du Soissonnais et que pilonne terriblement l'artillerie allemande.

Les chars flambent les uns après les autres; les hommes tombent, le commandant Josse est blessé, remplacé à la tête du bataillon par le capitaine de Saint-Didier, mais les tirailleurs lâchés en terrain libre continuent leur course folle — traversent les tranchées de Cannes et de Castille et ne s'arrêtent que devant la tranchée du Canada, sur le premier objectif qui leur avait été fixé.

A leur hauteur, les Légionnaires, sans se soucier des pertes cruelles que leur font subir les feux de flanc partant du bois de Beaumont — marchent sous les balles et les obus, de cette allure tranquille et décidée que nous leur avons connue en toutes circonstances, et négligeant Terny-Sorny qu'ils savent confié à de bonnes mains — foncent droit jusqu'au N. E. de Sorny.

Enfin à notre extrême droite les Malgaches qui ont reçu mission de s'emparer de Terny-Sorny et qui savent que du succès de leur opération dépend la sécurité de toutes les troupes de la Division aventurées au N. O. du village, se montrent dignes de la confiance qui avait été placée en eux. Avant d'aborder Terny-Sorny, ils sont décimés par les feux de mitrailleuses du bois de Beaumont et de la cote 172 que les voisins de droite n'ont pas encore nettoyé. Hommes et Officiers tombent en grand nombre, le Capitaine Loustau meurt héroïquement, qu'importe! tandis qu'une partie des compagnies fait face au bois de Beaumont, les autres entraînées par le Commandant Hippeau, abordent le village, y pénètrent, et après une lutte acharnée, la conquièrent maison par maison, creute par creute.

La Légion Russe, dont le chef, le Commandant Tramuset devait trouver le lendemain une mort glorieuse, se joint d'elle-même au bataillon Hippeau — et Russes et Malgaches, fraternellement unis, défendent contre tout retour offensif de l'ennemi, leur précieuse conquête.

Cependant la Division est toujours en flèche. Dans ces conditions continuer à avancer est impossible et l'on s'organise sur la position conquise.

On s'organise pour la nuit seulement, car les régiments de la Division Marocaine qui tiennent l'ennemi à la gorge n'ont guère l'intention de le lâcher si tôt. La lutte se poursuit le 3 et le 4 Septembre, ardente, sans merci.

Le 7e Tirailleurs dont rien ne peut abattre la magnifique ardeur, s'acharne sur la tranchée du Canada; huit fois de suite il en tente l'assaut, infligeant à l'ennemi des pertes sanglantes. Le bataillon Durand du 8e Zouaves, se jette sur Sorny et forcé de s'arrêter devant un épais réseau de fils de fer, harcèle l'ennemi sans relâche par des tirs de mitrailleuses, de grenades et de V. B.

L'ennemi qui sait la grandeur de l'enjeu oppose à nos attaques une résistance opiniâtre. Dans l'après-midi du 3 et la matinée du 4 notamment, le bombardement prend une intensité inouïe sur tout le plateau entre Terny-Sorny, Juvigny et la Raperie. Des tirs d'obus toxiques empoisonnent les ravins du bois d'Alsace; les bataillons du 8e Zouaves, réserves de division, se déplacent à plusieurs reprises et cherchent en vain un endroit épargné par les gaz. Les escadrilles ennemies survolent et mitraillent nos lignes sans arrêt.

La poussée continue cependant avec un acharnement, dont cent épisodes devraient être contés. Le tirailleur Hassani du 7e, couché en sentinelle dans les blés, aperçoit dans la tranchée opposée un Allemand aux aguets. Il se lève, franchit à découvert l'espace qui le séparait du Boche, bondit sur lui, l'embroche, revient prendre sa place et à l'heure de la relève dit à son caporal : « Laisse-moi encore un instant, il doit y avoir d'autres Boches, je vais tenter d'en descendre un deuxième. »

Comment l'ennemi pourrait-il en vérité résister davantage à cette pression vigoureuse et constante ? Comment pourrait-il s'opposer plus longtemps à cette volonté implacable qu'il trouve en chacun de nos hommes de lui arracher coûte que coûte le terrain auquel il se cramponne encore ?

LE 5 SEPTEMBRE.

Effectivement le Boche renonce à cette tâche surhumaine de lutter contre la Division Marocaine et il prend le parti de se replier — mais si vite et si secrètement qu'il opère, nos deux brigades marchent sur ses talons.

Il n'a pas encore quitté Sorny que la Légion y est déjà ; à Neuville-sur-Margival, il est tourné par les Zouaves ; ce sont les Zouaves encore qui le bousculent à l'entrée Sud du tunnel de Vauxaillon, ce pendant que les Tirailleurs le chassent successivement des tranchées du Canada, de Cambrai et des Aulnes.

Nos artilleurs qui, sur les pas de l'infanterie, sont venus s'installer dans le ravin de Sorny, contribuent à la poursuite

Le 6, la résistance de l'ennemi s'accroît sérieusement, et ce n'est qu'au prix de luttes acharnées que la Légion peut atteindre les Trous et le 8e Zouaves s'emparer des creutes de Babylone et de la ferme du Bessy.

Le lendemain, c'est plus dur encore. Nous sommes en effet sur les avancées de la ligne Hindenburg et pour défendre ces positions qu'il veut conserver à tout prix l'ennemi a fait appel à ses meilleures troupes : la 1re D. I. Prussienne à côté de la 5e Division de la Garde.

Oh! les magnifiques combats dont furent le théâtre pendant huit jours, les boyaux des Singes et des Vieux Singes, la tranchée du Rossignol, le boyau d'Ailleval! Combats épiques à la grenade ou à la baïonnette, corps à corps farouches, luttes sans trève où chaque adversaire rivalise tour à tour de mordant dans l'attaque ou de ténacité dans la défense!

Trois fois les Zouaves pénètrent dans la tranchée du Rossignol, trois fois ils en sont chassés; le 13 au matin pour les en déloger la 5e Division de la Garde lance 3 bataillons, et le soir le 8e Zouaves qui, groupé autour de son Colonel a contenu le flot, trouve encore l'énergie suffisante pour reprendre entièrement son bien.

A la droite des Zouaves, les Légionnaires et les Malgaches dépensent les mêmes efforts héroïques pour s'installer dans le boyau d'Ailleval — et finalement y parviennent.

Le bombardement pendant ce temps ne discontinue pas. Aucune partie du terrain comprise entre les premières lignes et la région de Neuville-sous-Margival n'échappe à l'action de l'arsine; les P. C., les batteries disparaissent sous une nappe de gaz, on n'y peut vivre qu'avec le masque.

Les pertes augmentent; le Colonel Bertrand commandant la 2e brigade est blessé le 13 — Le Commandant Servais a trouvé le 10 une mort digne de sa vie héroïque; le 3 un obus toxique avait éclaté près de lui, il avait conservé le commandement, s'y cramponnant malgré ses souffrances; le 7 il écrit à son Colonel d'une main que la fièvre fait trembler, ces lignes émouvantes :

« Je suis à bout — Voilà quatre jours que je n'ai pu rien manger — Je suis incapable de me tenir debout. Je me suis raidi jusqu'à présent, mais la fièvre m'a abattu, avec les brûlures à la poitrine qui me font vomir à chaque instant. Je suis en rage! Que faut-il faire? J'aurais voulu tenir encore un jour, mais je crains, s'il y a une marche quelconque à faire, de tomber aux premiers cent mètres. Je suis prêt à me faire porter sur un brancard pendant la progression, je fais appel à vous, mon Colonel, c'est dur pour moi ».

Et le commandant Servais conduit son bataillon à l'attaque, porté sur un brancard.

LE 14 SEPTEMBRE.

La Division a déjà subi des pertes sévères; elle est épuisée par 13 jours de combats acharnés et de bombardements incessants. Or voici que parvient un ordre d'attaque générale qui confie à la Division Marocaine, pour le 14 Septembre la mission d'enlever cette position Hindenburg, qui en 1917, pendant six mois, a défié tous nos assauts.

Alors, surmontant leurs fatigues, les hommes se raidissent dans un suprême effort; la fièvre creuse leurs joues et agrandit leurs yeux, mais une flamme sacrée habite leur cœur. Pour qui donc a-t-il été écrit qu'une « âme héroïque est toujours maîtresse du corps qu'elle anime » ?

Et le 14 à 5 heures 40, Malgaches, Légionnaires, Tirailleurs et Zouaves bondissent sur l'ennemi dans un élan sublime.

Le 7e Tirailleurs (bataillon Mennetrier) négligeant les nids de mitrailleuses, franchit réseaux et tranchées, dépasse la Vallée Guerbette et atteint le ravin d'Ailleval.

A sa droite, la Légion avec des compagnies de 50 hommes, au prix de deux chefs de bataillon sur trois, le capitaine de Lannurien et le Lieutenant Sanchez Carrero qui trouvent ici la mort des braves, culbute le régiment du Kronprinz, le 1er Prussien. L'ennemi résiste avec acharnement; un blockaus ne pourra être réduit qu'après un combat de trois heures. Qu'importe! cela est l'affaire aux nettoyeurs qui suivent, et l'on passe! Bientôt le Château de la Motte est entre nos mains; puis la Légion se joignant au bataillon Malgache, enlève avec lui le village d'Allemant où un bataillon du 43e Prussien est capturé en entier avec l'E. M. du Régiment et ses trois chefs de bataillon.

Et voilà qu'une folie héroïque s'empare de nos régiments : à gauche, le 8e Zouaves a été arrêté presque dès son départ, avec la 66e Division entière; Tirailleurs Malgaches et Légionnaires se trouvent en flèche très loin en avant, presque seuls, et ils ne s'arrêtent pas! Les Tirailleurs s'élancent sur le blockaus 156,8, les Légionnaires s'aventurent jusqu'à la tranchée du Lézard, d'où hélas! bien peu reviendront.

L'artillerie qui ne veut pas être en reste de vaillance avec l'infanterie pousse ses batteries jusqu'à 1.200 mètres des lignes, et le groupe Arnaud prend position au delà du Tunnel de Vauxaillon, sous le feu même des mitrailleuses allemandes.

Cependant, la nuit tombe, et après que le 8e Zouaves, secondé par les 27e et 68e bataillons de Chasseurs, a essayé une fois encore de prendre de flanc les défenses du Balcon d'Ailleval, après qu'une violente contre-attaque a été brisée devant Allemant, le calme se fait et l'on remet de l'ordre dans les unités.

Les régiments sont arrivés à l'extrême limite de la résistance physique, les effectifs sont diminués au point que la plupart des bataillons ne dépassent pas la valeur d'une compagnie, mais le moral des hommes est exalté par la victoire, et l'enthousiasme qui les anime soutient encore leur corps exténué.

Et le lendemain, le 8e Zouaves trouve encore l'énergie suffisante pour s'emparer de la tranchée de Lorient, et le 7e Tirailleurs pour se lancer une fois de plus à l'assaut de l'abri 156,8.

La Division Marocaine se surpasse elle-même !

En 15 jours de luttes acharnées contre un adversaire vraiment digne d'elle, elle a capturé 1.570 prisonniers appartenant à 13 régiments de 6 divisions différentes.

Elle a progressé pied à pied de huit kilomètres ;

Elle a libéré quatre villages ;

Elle a ouvert une large et profonde brèche dans la position Hindenburg.

Elle peut partir.

Dans la nuit du 15 au 16 et du 16 au 17 elle est relevée par la 36e D. I. commandée par le général Mittelhausser.

Les pertes du 1er au 16 Septembre s'élèvent à 83 Officiers et plus de 4.000 hommes.

Ici se clôt pour la Division Marocaine l'ère des grands combats de 1918.

Quelques divisions, plus favorisées par le sort, ont pu avoir des satisfactions que nous n'avons pas connues. Certaines ont eu le bonheur ineffable de délivrer complètement de l'immonde souillure le sol sacré des pays envahis ; elles ont reçu les premiers embrassements de nos frères retrouvés et recueilli les lauriers dus aux libérateurs.

D'autres ont eu la joie suprême qui nous a été refusée de poursuivre pendant des lieues et des lieues l'ennemi en déroute et d'assister à l'hallali de la bête aux abois.

Mais aucune ne peut se vanter d'avoir rempli plus sublime et plus glorieuse tâche que celle qu'il fut donnée à la Division Marocaine d'accomplir.

Alors que les hordes germaines s'abattaient au printemps sur les campagnes de France, la Division à trois reprises a établi entre elles et le cœur du pays le rempart de ses régiments invincibles, et elle a dit au Boche : « Frappez ! lancez vos meilleurs bataillons ! labourez de vos obus notre sol avec nos chairs ! Ici tient la Division Marocaine : on ne passe pas ! ». Et l'ennemi n'est pas passé, ni le 26 Avril, ni le 30 Mai, ni le 12 Juin, et pas un Allemand ne peut s'enorgueillir d'avoir vu, ni un jour, ni une heure, reculer devant lui la Marocaine !

Et lorsque après avoir contenu le flot il s'est agi de le refouler, c'est la Division encore qui a porté à l'ennemi les premiers et les plus rudes coups.

Le 18 Juillet, les 2 et 14 Septembre, elle a brisé l'armature puissante de ses armées intactes ; elle a ouvert dans leurs rangs une brèche profonde et — meurtrie, mais victorieuse — elle a dit à ses compagnons d'armes : « Allez ! vous pouvez passer ! ».

A cette tâche la Division Marocaine a consacré le meilleur d'elle-même : 300 Officiers et 14.000 hommes ont été mis hors de combat dans la seule période du 26 Avril au 15 Septembre 1918.

Mais ce sang généreux n'a pas vainement arrosé la terre de France — il a fait lever une moisson de gloire.

DERNIÈRES PAGES DE GLOIRE

Bien que très éprouvée, après un court séjour à Meaux, la Division Marocaine est embarquée en chemin de fer aux gares de Lizy-sur-Ourcq et Trilport.

Le 27 septembre, elle débarque en Lorraine. Pendant quinze jours, elle stationne au repos dans la zone de Rosières-aux-Salines, Dombasle, Gerbéviller, Froville, puis le 15 octobre elle relève dans le secteur de Lenoncourt la 40ᵉ D. I.

SECTEUR DE LENONCOURT

Pendant que se déroulent dans le Nord de la France et en Champagne les formidables batailles où se jouent les destinées du monde, et dont nous suivons passionnément de loin les phases victorieuses, rien ne trouble le calme absolu de cette paisible région. Quelques incursions heureuses au-delà de la Loutre dans les positions ennemies des Ervantes et de Bezange, quelques tentatives infructueuses de l'adversaire sur nos lignes, un violent bombardement par obus toxiques, que subissent les Zouaves à Moncel, sont les seuls incidents de guerre qui marquent notre occupation de ce tranquille secteur. Le reste ne vaut pas la peine d'être noté.

Par contre, les brillantes cérémonies militaires qui rompirent la monotonie de notre séjour aux tranchées laisseront dans nos cœurs un plus durable souvenir.

Le 28 octobre, dans le parc du château de Lenoncourt, le général Gérard, commandant la 8e Armée, devant le drapeau de la Légion, et en présence des délégations de toutes les unités, remettait au général Daugan, qui aura cet honneur dans l'histoire, d'avoir conduit la Division Marocaine sur tous les champs de bataille de 1918, la Croix de Commandeur de la Légion d'honneur.

Le 30 octobre, le général de Castelnau, commandant le G. A. E., remettait solennellement sur le plateau de Cercueil, au 7e Tirailleurs et au 8e Zouaves, la fourragère aux couleurs de la Légion d'honneur, et au bataillon Malgache, la fourragère aux couleurs de la Médaille militaire.

Enfin, le 2 novembre, le général Daugan accrochait des palmes aux fanions des unités de la Division récemment citées à l'Ordre de la 1re Armée : une première palme à la Légion Russe, une première au G. B. D., une troisième à l'A. C. D. M.

Justes récompenses d'admirables exploits.

Cependant, à partir du 3 novembre, le secteur semble prendre une physionomie nouvelle : les canons arrivent par centaines, les cantonnements se resserrent, les longues files de camions font leur apparition sur des routes jusqu'alors désertes. Ce sont des préparatifs d'attaque auxquels nous ne nous trompons plus.

Mais tandis qu'ils se poursuivent, se parachève dans les Ardennes et le Laonnais la défaite ennemie ; la demande d'armistice du gouvernement allemand la consacre bientôt.

Avec l'intérêt passionné que l'on devine, nous suivons les phases des négociations, les antennes de T. S. F., ne chôment pas : il faut prendre « Nauen » après « Paris » et

PRISONNIERS

Encore sous l'infernale impression du formidable bombardement qu'ils viennent de subir, les prisonniers sont amenés en convois au P. C. de la Division.

« Paris » après « Nauen » — et les nouvelles vraies avec les nouvelles fausses circulent avec une rapidité inconcevable d'un bout à l'autre des tranchées.

Le 10 au soir, tandis que le 8e Zouaves s'apprête à lancer un bataillon à l'assaut de Rozebois, les cris qui éclatent soudain dans les tranchées ennemies et se répercutent à l'infini, les feux qui s'allument, les fusées multicolores qui embrasent les hauteurs de la Loutre et de la Seille, nous apprennent que le gouvernement allemand a accepté les conditions de l'armistice fixées par le Maréchal Foch.

L'ARMISTICE

Enfin le 11 novembre, à 5 heures 45, au moment où les Zouaves, héroïques jusqu'au bout, passent la Loutre, pour partir à l'assaut, un radio émanant du Maréchal commandant en chef les armées alliées prescrit de suspendre à 11 heures toutes hostilités.

La nouvelle se répand comme une traînée de poudre; pas de cris, pas d'étonnement bruyant : depuis si longtemps nous étions sûrs de la victoire que sa venue ne nous a pas surpris et sa pensée nous était trop familière pour qu'au premier aspect nous ne l'ayons pas reconnue; seulement une grande joie, joie toute intime, trop profonde pour s'exprimer — d'être encore présent à cette heure bénie, d'avoir vécu assez pour voir le couronnement de notre œuvre et assister à l'écrasement de l'Allemagne, que tant d'autres, hélas! eussent aimé, comme nous, contempler.

L'ENTRÉE EN LORRAINE

La fortune, favorable à la Division Marocaine, permit que cette fin des hostilités la trouvait aux portes mêmes de la Lorraine annexée, toute prête à aller cueillir le fruit de la victoire.

Mais avant de franchir la frontière, n'était-il pas nécessaire de dépouiller d'abord le vieil homme, d'abolir temporairement dans nos cœurs toute haine, tout désir de vengeance, afin de n'y laisser place qu'à un immense amour pour nos frères si longtemps séparés, à la pitié pour leur souffrance, à la reconnaissance pour leur fidélité quarante-huit ans gardée ?

Pendant six jours de véritable retraite, la Division Marocaine se prépare à l'accomplissement de cet acte solennel.

Et le 17 novembre, à 7 heures 30, ses colonnes franchissent la Loutre à Moncel et à Bezanges, pénètrent en Lorraine.

Jour à jamais mémorable dans son histoire ! On dit que beaucoup au seuil de cette terre promise s'agenouillèrent et baisèrent pieusement le sol sacré. Il se peut : c'est le geste que tous nous eussions voulu faire.

Après avoir traversé sur des routes défoncées, réparées à la hâte, la région ruinée, dévastée, labourée d'obus, semée de champs de mines, qui hier était la zone de combat, qui aujourd'hui est déserte, nous apercevons au loin, au-dessus des toits d'ardoises, le clocher pointu de Château-Salins.

C'est là que va avoir lieu le premier contact avec la population lorraine.

« Les habitants avaient préparé un arc de triomphe, bien rustique, enguirlandé de branches de sapins ; ils n'ont pas eu le temps de l'ériger, il gît sur la route — ils ont renoncé... »

« Beaucoup d'entre eux, impatients, avides de voir plus tôt leurs libérateurs, sont allés au devant d'eux sur la grand'-route et enrubannés, fleuris, parés de cocardes, leur font à l'entrée un pittoresque cortège... »

« Tout le monde est fou, dit une ménagère — on n'aura pas de soupe aujourd'hui. »

Le fait est que tout le monde est dehors, nous attendant.

« Et quand, derrière un peloton de spahis, groupés autour de leur fanion, sous lequel flotte une queue de cheval blanche, teinte au bord de pourpre et comme traînée dans le sang, quand derrière cette troupe étrange, insolite, inouïe, faite pour déconcerter et émerveiller tous ces spectateurs béants, apparaît le général Daugan, radieux, un frisson passe sur la foule pressée. Un cri monte, se propage de proche en proche, roule comme une vague jusqu'au fond de la rue, jusqu'au parvis de l'église dont le bourdon égrène là-haut ses notes graves « Vive la France ! Vivent nos libérateurs ! » Et des femmes se jettent au devant du drapeau et le baisent, inclinées, devant ce signe tangible de la patrie comme devant l'ostensoir... »

« Le général entouré de son Etat-Major, s'est arrêté

en avant de la place de l'Hôtel-de-Ville, que parent des tilleuls, défeuillés par l'automne. Le 8e Zouaves, la fourragère rouge à l'épaule, défile devant lui aux accents entraînants de sa musique massée de l'autre côté de la rue. Ah ! la magnifique, l'impressionnante troupe ! ...

« Le bourdon vibre toujours dans l'air vif. Les avions de la Marocaine, reconnaissables à leur croissant, ronflent dans l'air, si bas, qu'à tout instant on tremble pour le coq du clocher ?

« Chaque fanion qui passe, chaque chef de bataillon, chaque chef de section soulève une reprise d'acclamations...

« La Légion défile comme avait passé le 8e Zouaves, au milieu des vivats, des bravos, arborant la double fourragère rouge que lui ont valu ses derniers exploits. Le colonel Rollet fidèle, même en cette saison, même sous ces âpres climats de l'Est, à sa légendaire tenue de toile kaki, le dolman couvert, cuirassé de croix et de médailles, avait pris dans ses mains le drapeau et au milieu de la garde prestigieuse que l'on connaît, de ces légionnaires chevronnés, décorés, médaillés, fièrement campé à la gauche du général Daugan, face à la musique, jouant à pleins poumons la marche fameuse, il vit défiler son glorieux, son inégalable régiment, impeccable, astiqué, allant d'un pas relevé, allègre, triomphal...

« Quand arrive la dernière compagnie, le général lui fait faire halte. Il demanda au colonel Rollet avec son glorieux étendard de remonter de quelques pas. »

« Le Général se plaça face à ce groupe héroïque, le drapeau tricolore au milieu de la garde : les clairons sonnèrent, les tambours battirent.

« Puis les yeux humides, me semble-t-il, dans un beau geste de chef, un geste imprévu qui exalta tous les cœurs à la fois, se penchant sur l'arçon de sa selle, il baisa les plis de la soie pâlie au soleil et aux intempéries des batailles.

« Un souffle passa, irrésistible, comme l'affolante tramontane ; un patriotique délire transporta les assistants... » (1)

Et interprètes émouvants, parce que naïfs et sincères des sentiments de ce peuple si longtemps opprimé, les petites filles de Château-Salins, spontanément, coururent au drapeau et le couvrirent de leurs larmes et de leurs baisers.

Et de ce jour commença la marche triomphale à travers la Lorraine en fête : partout des drapeaux aux fenêtres, des sourires aux lèvres, et des larmes aux yeux.

---

(1) Récit de M. Gustave BABIN dans *L'Illustration* du 30 Novembre 1918.

On ne peut songer à en raconter chaque étape. Comment cependant ne pas parler d'Insming que presque toutes les unités de la Division ont traversé l'une après l'autre, et où chacune croit avoir pénétré la première, tellement chaleureux y fut l'accueil et débordant l'enthousiasme?

Toutes les maisons étaient parées de drapeaux, de fanions, de vieilles gravures françaises, de statuettes de l'Empereur; d'un bout à l'autre du village des centaines de jeunes filles en costume lorrain escortaient les soldats, tendant vers eux leurs bras dans un geste adorable, jetant leur cœur avec des baisers — ce pendant que les vieux qui avaient revêtu leurs costumes des grands jours et arboraient fièrement les médailles françaises, sur les pas de leur porte, ne savaient que pleurer. De toutes les caves, tenues secrètes aux boches, les vins vieux étaient sortis; devant la maison du maire une table était servie en permanence avec gâteaux et champagne. Le village a chômé entièrement quatre jours et de quatre nuits, personne n'a dormi.

Comment ne pas parler de Rech, où les bonnes sœurs à l'annonce des premiers cavaliers, avaient massé devant l'école un bataillon de petites filles qui, au passage de nos spahis, d'une voix déshabituée du français, mais plus suave à nos oreilles que toute mélodie, entonnèrent la *Marseillaise* comme elles l'eussent fait d'un cantique?

Comment ne pas raconter la touchante supercherie de Sarralbe qui, pour hâter l'arrivée de nos troupes, simula un pillage et envoya d'urgence à Dieuze un émissaire réclamer du secours? L'entrée du bataillon de Zouaves, à la nuit, fut du délire.

Sur la route, jusqu'à deux kilomètres au delà de la ville, la foule se pressait : 2.000, 3.000 personnes, peut-être plus. Et cette foule se mêlait aux uniformes kaki; chacun voulait toucher de sa main un soldat français pour s'assurer qu'il ne faisait pas un rêve, que c'était une douce réalité.

Et soudain des torches s'allument, des centaines, enlevées à un parc du génie allemand, et ce fut à travers les rues de la ville un défilé féerique, inoubliable, de Lorrains et de Zouaves mêlés.

Le lendemain, réception officielle par la municipalité; discours, fleurs et champagne; le surlendemain, défilé du 7e Tirailleurs devant le Général Mazillier, commandant le 1er C. A. C.; puis défilé de la Légion et de l'Artillerie. Des fêtes et de la joie.....

Comment enfin ne pas dire l'accueil que fit au bataillon Malgache le village de Bliesbrüken, à l'extrême limite de la Lorraine Française? Une jeune fille s'avança vers le commandant Hippeau et lui dit ces paroles : « J'ai le grand honneur et le suprême bonheur de vous exprimer le saint respect de toutes mes compagnes.

Le sang sublime, versé pour nous, resserre les liens qui toujours nous attachaient à la France.

Merci encore à vous, glorieux survivants, ainsi qu'aux héros morts pour la Sainte Cause.

Amis si chers à nos cœurs, soyez les bienvenus ».

Populations d'Insming et de Rech, de Sarralbe et de Bliesbrüken et de tous les villages de Lorraine qui ont accueilli la Division Marocaine, soyez ici ensemble, remerciées. Les plus douces émotions de notre vie, c'est à vous que nous les devons — vous avez payé tous nos sacrifices, toutes nos peines de quatre années de guerre.

LE PALATINAT

Et puis nous avons franchi les frontières lorraines — nous avons foulé le sol germain, nous avons défilé musique et drapeaux déployés dans les villes allemandes et l'ennemi s'est courbé devant nous.

Le 1er décembre la Division Marocaine traverse Deux-Ponts, le 5 elle pénètre à Kaiserslautern au milieu d'une foule énorme, puis elle s'enfonce dans la région boisée, montagneuse, déserte du Hardt. Le 7 elle débouche à Bad Durkeim dans la plaine, et le 8 enfin, le 5e Chasseurs d'Afrique et le 7e Tirailleurs atteignent en même temps, à Ludwigshafen, le Rhin.

Nous l'avons eu votre Rhin allemand!

Nous l'avons eu, votre Rhin allemand :
Il a tenu dans notre verre.
Un couplet qu'on s'en va chantant
Efface-t-il la trace altière
Du pied de nos chevaux marqués dans votre sang?

Nous l'avons eu, votre Rhin allemand.
Son sein porte une plaie ouverte,
Du jour où Condé triomphant
A déchiré sa robe verte,
Où le père a passé, passera bien l'enfant.

C'est là, sur les bords du Rhin, où elle monte une garde vigilante, que s'achève pour la Division Marocaine, la glorieuse année 1918.

Que lui réserve l'avenir ? Elle n'en sait rien, et n'en veut rien savoir.

Déjà ses territoriaux sont partis pour porter en exemple à leurs fils le récit de leur vie; les Russes les ont suivis de près : ils s'en vont racheter leur pays ; d'autres partiront encore : zouaves, artilleurs, sapeurs, chasseurs d'Afrique qui, pleins d'honneur et de gloire, rejoindront demain leurs doux foyers de France ; tirailleurs Malgaches ou Algériens qui regagneront bientôt, les uns leur île lointaine, les autres leur désert brûlant et y chanteront, le reste de leur vie, leurs exploits immortels ; légionnaires enfin, venus des extrémités de la terre et qui retourneront y célébrer la gloire de la France. Mais qu'importe cette dislocation ! qu'importent ces séparations, si cruelles soient-elles !

Nous avons vu se réaliser le rêve de notre vie ; aujourd'hui il n'y a, il ne peut y avoir place dans notre cœur que pour la joie, joie sans borne, joie sans mélange de la Victoire.

Et vous, soldats tombés de la Division Marocaine, héros si chers à nos cœurs, à qui ce livre est dédié, réveillez-vous aux accents de cette victoire, associez-vous à notre joie.

Ecoutez les acclamations triomphales de Château-Salins, c'est vers vous qu'elles montent !

Et le respect des filles de Bliesbrücken, c'est à vous qu'il s'adresse.

Et les douces mains des Lorraines d'Insming, c'est vers vous qu'elles se tendent et leurs chastes baisers, c'est à vous que leur cœur les jette.

Voyez l'Alsace et la Lorraine en fête, accueillir au milieu des transports nos armées victorieuses, et songez que cette allégresse est l'œuvre de votre sacrifice.

Et puis suivez-nous au delà des frontières lorraines ; voyez vos régiments reconnaître à travers le Palatinat et jusqu'au Rhin magnifique les routes anciennes des invasions françaises ; écoutez résonner sur le pavé des villes allemandes nos pas vainqueurs et savourez la joie profonde de la vengeance.

Enfin, par delà les fêtes de la Victoire, et toutes haines assouvies, contemplez cette France que vous avez aimée jusqu'à mourir de votre amour pour elle, reprenant dans le monde la place qui lui est due, et voyez-la rayonner, au milieu des nations, d'une gloire immortelle.

Songez que c'est votre œuvre encore et tressaillez d'allégresse en vos tombeaux épars!

Allons! Enfants de la Patrie!
Le jour de Gloire est arrivé

. . . .

Fait au Quartier Général de Ludwigshafen
le 31 Décembre 1918

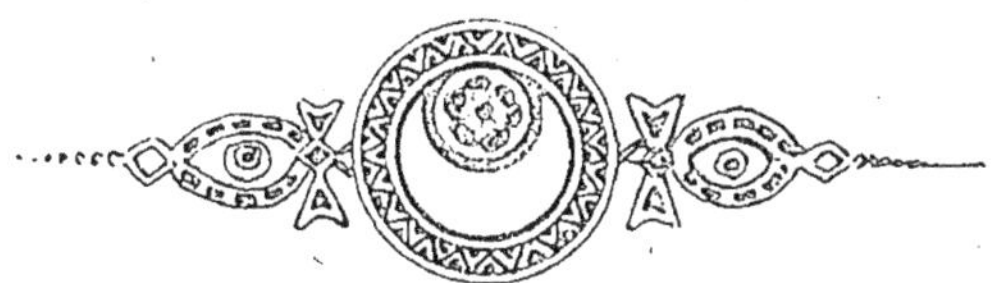

OBTENUES PAR

LA DIVISION MAROCAINE

LES RÉGIMENTS D'INFANTERIE

L'ARTILLERIE

ET LES UNITÉS FORMANT CORPS

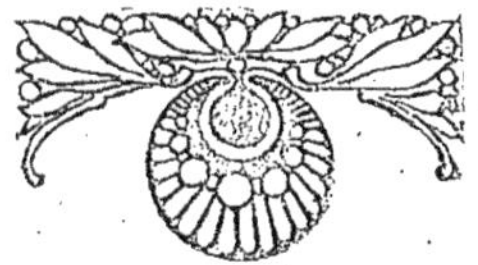

CITATIONS OBTENUES

PAR LA

DIVISION MAROCAINE

ORDRE Général N° II du 22 Septembre 1914 de la IXe Armée :

Le général commandant la IXe Armée cite à l'ordre de l'armée la 1re Division du Maroc, commandée par le général Humbert, pour la vaillance, l'énergie, la ténacité dont elle a fait preuve aux combats de la Fosse-à-l'Eau le 28 août et dans les journées des 6, 7, 8 et 9 septembre à Montdement, Montgivroux, Saint-Prix.

Les résultats obtenus, comme aussi les pertes cruelles mais glorieuses qu'elle a subies, en témoignent. Tous, zouaves, coloniaux, tirailleurs indigènes ont fait d'une façon admirable leur devoir.

Signé : **FOCH.**

Ordre Général n° 38 du 10 mai 1915, du Grand Quartier Général :

Le général commandant en chef le Groupe des Armées de l'Est cite à l'ordre des armées le 33e corps d'armée, comprenant les 70e, 77e divisions et la Division Marocaine pour avoir, sous la conduite énergique de son chef, le général Pétain, fait preuve, au cours de son attaque du 9 mai, d'une vigueur et d'un entrain remarquables, qui lui ont permis de gagner d'une haleine plus de trois kilomètres, de prendre à l'ennemi 25 mitrailleuses, 6 canons et de faire 2.000 prisonniers.

Signé : JOFFRE.

Ordre Général n° 1, du 25 Octobre 1915 du Groupe des Armées du Centre :

Le général de Castelnau, commandant le groupe des Armées du Centre, cite à l'ordre des armées : le 2e corps d'armée colonial, qui, comprenant les 10e et 15e divisions coloniales et la division métropolitaine du Maroc, a, le 25 septembre, sous l'impulsion énergique du général Blondlat, enlevé dans un vigoureux assaut la première position ennemie puissamment organisée et, par certains de ses éléments (division Marchand) atteint d'un seul bond la deuxième position allemande. A complété son succès dans la journée du 26, rejetant partout l'ennemi au delà de sa deuxième position, faisant plus de 4.000 prisonniers, enlevant 25 canons, 60 mitrailleuses et recueillant un butin considérable.

Signé : DE CASTELNAU.

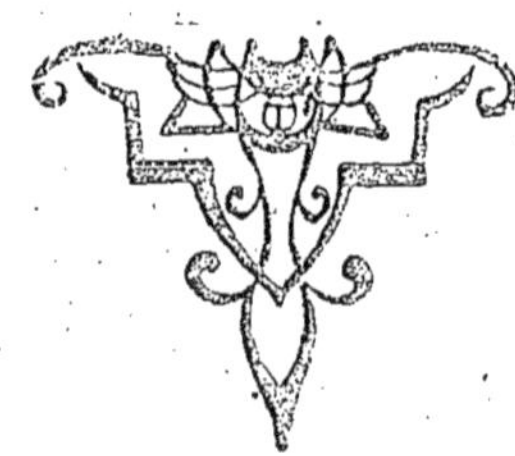

LES TANKS

Devant l'inévitable mort qu'ils sèment sur leur passage, un sentiment d'infernale épouvante s'empare des lignes ennemies.

CITATIONS A L'ORDRE DE L'ARMÉE

OBTENUES PAR LE

RÉGIMENT DE MARCHE DE LA LÉGION ÉTRANGÈRE

(FUSION DES 2e ET 3e RÉGIMENTS DE MARCHE DU 1er ÉTRANGER, 2e RÉGIMENT DE MARCHE DU 2e ÉTRANGER ET QUELQUES ISOLÉS DU 4e RÉGIMENT DE MARCHE DU 1er ÉTRANGER (RÉGIMENT GARIBALDIEN)

2e RÉGIMENT DE MARCHE DU 1er ÉTRANGER

Ordre Général N° 102 du 8 Septembre 1915, de la Xe Armée :

Chargé, le 9 mai, sous les ordres du lieutenant-colonel Cot, d'enlever à la baïonnette une position allemande très fortement retranchée, s'est élancé à l'attaque, officiers en tête, avec un entrain superbe, gagnant d'un seul bond plusieurs kilomètres de terrain malgré une très vive résistance de l'ennemi et le feu violent de ses mitrailleuses.

Ordre Général N° 478 du 30 Janvier 1916, de la IVe Armée :

Pendant les opérations du 30 septembre au 17 octobre 1915, sous le commandement du lieutenant-colonel Cot, a fait preuve des plus belles qualités de courage, d'entrain et d'endurance. Le 28 septembre, avec un admirable esprit de sacrifice, s'est lancé à l'assaut d'une position qu'il fallait enlever à tout prix ; malgré le feu extrêmement dense des mitrailleuses ennemies, est parvenu jusque dans les tranchées allemandes.

2e RÉGIMENT DE MARCHE DU 2e ÉTRANGER

Ordre Général N° 478 du 30 Janvier 1916, de la IVe Armée :

Le 25 septembre 1915, s'est élancé à l'assaut des positions ennemies avec un entrain et un élan superbes, faisant de nombreux prisonniers et s'emparant de plusieurs mitrailleuses.

RÉGIMENT DE MARCHE DE LA LÉGION ÉTRANGÈRE

Ordre Général N° 385 du 27 Août 1916, de la VIe Armée :

Sous l'énergique commandement de son chef, le lieutenant-colonel Cot, le régiment de marche de la Légion Étrangère, chargé le 4 juillet 1916, d'enlever un village fortement occupé par l'ennemi, s'est élancé à l'attaque avec une vigueur et un entrain remarquables. A conquis le village à la baïonnette, brisant la résistance acharnée des Allemands et s'opposant ensuite énergiquement à toutes les contre-attaques de renforts amenés dans la nuit du 4 au 5 juillet 1916. A fait 750 prisonniers dont 15 officiers et pris des mitrailleuses.

Ordre Général N° 809 du 7 Mai 1917, de la IVe Armée :

Merveilleux régiment qu'animent la haine de l'ennemi et l'esprit de sacrifice le plus élevé. Le 17 avril 1917, sous les ordres du lieutenant-colonel Duriez, s'est lancé à l'attaque contre un ennemi averti et fortement retranché, et lui a enlevé ses premières lignes. Arrêté par des mitrailleuses et malgré la disparition de son chef mortellement touché, a continué l'opération sous les ordres du chef de bataillon Deville, par un combat incessant de jour et de nuit jusqu'à ce que le but assigné fût atteint, combattant corps à corps pendant cinq jours, et malgré de lourdes pertes et des difficultés considérables de ravitaillement, a enlevé à l'ennemi plus de deux kilomètres carrés de terrain, a forcé, par la vigueur de cette pression continue, les Allemands à évacuer un village fortement organisé où s'étaient brisées toutes nos attaques depuis plus de deux ans.

Ordre Général N° 900 du 20 Septembre 1917, de la IIe Armée :

Le 20 août 1917, sous l'énergique impulsion de son chef, le lieutenant-colonel Rollet, s'est élancé à l'assaut d'un village et d'un bois puissamment organisés. Malgré les difficultés du terrain, les a enlevés avec une telle fougue, qu'en dépit de nos propres barrages, il a dépassé l'objectif final qui lui avait été assigné, à près de trois kilomètres de son point de départ. Entreprenant aussitôt une nouvelle action, qui n'avait été prévue que pour une date ultérieure et dans une direction toute différente, a fait preuve de ses belles qualités manœuvrières en se rendant maître d'une série de hauteurs, puis d'un village, dont l'enlèvement avait coûté précédemment de lourds sacrifices à l'ennemi. A ainsi assuré la possession d'un front de 2 kilomètres 500 et la capture de 680 prisonniers, de 8 canons et de nombreuses mitrailleuses.

Ordre Général N° 69 du 14 Juillet 1918, de la Ire Armée

Le 26 Avril 1918, sous le commandement du lieutenant-colonel ROLLET, animé d'une indomptable énergie et du plus bel esprit de sacrifice, s'est magnifiquement élancé à l'attaque du Bois de Hangard et du plateau au sud de Villers-Bretonneux, remplissant sa mission malgré une résistance opiniâtre de l'ennemi. S'est cramponné ensuite au terrain conquis, résistant successivement à cinq contre-attaques, maintenant intégralement les gains de la journée et contribuant, par son héroïsme, à briser la ruée de l'ennemi.

·dre Général N° 343 du 13 Octobre 1918, de la Xe Armée :

Magnifique régiment qui, sous les ordres de son chef, le lieutenant-colonel ROLLET, dans la dure période du 28 mai au 20 juillet 1918, vient de rehausser encore sa réputation par sa vaillance, son énergie et sa ténacité. Les 30 et 31 mai, a arrêté net la ruée ennemie et maintenu intégralement ses positions. Le 12 juin, avec des effectifs extrêmement réduits, a réussi à briser une attaque ennemie supérieure en nombre et a causé à l'ennemi des pertes considérables. Le 18 juillet, a enlevé avec un entrain merveilleux une succession de positions puissamment fortifiées. A ainsi atteint d'un seul élan son objectif fixé à près de quatre kilomètres des premières lignes, capturant plus de 450 prisonniers, 20 canons et un nombre considérable de mitrailleuses et de minenwerfer. Dans la nuit du 19 au 20 juillet, a mis une fois de plus en valeur ses qualités manœuvrières en débordant par le Nord un ravin où l'ennemi avait accumulé de nombreuses défenses, faisant tomber toutes les résistances et réalisant ainsi une avance de près de onze kilomètres. S'est maintenu énergiquement sur la position conquise en dépit de violentes contre-attaques ennemies.

·rdre Général N° 347 du 10 Novembre 1918, de la Xe Armée :

Régiment d'élite qui, au cours des opérations du 27 août au 16 septembre 1918, sous le commandement de son remarquable chef, le lieutenant-colonel ROLLET, vient d'affirmer une fois de plus ses hautes qualités militaires. Le 2 septembre, au mépris de feux croisés de mitrailleuses qui fauchent ses vagues d'assaut, il progresse jusqu'à son objectif, qu'il atteint et organise ; il s'y maintient, repoussant de puissantes contre-attaques. Du 3 au 13 septembre, par des combats incessants de nuit et jour, dans une atmosphère saturée de gaz, sous de violents bombardements et des rafales de mitrailleuses, pied à pied, à la grenade, il pousse ses lignes en avant en un effort d'une héroïque constance. Le 14 septembre, avec une fougue admirable, après douze jours de luttes très dures, il enlève un des saillants réputés inexpugnables de la ligne Hindenburg, y cueille plus de 500 prisonniers, des canons et une grande quantité de matériel.

CITATIONS A L'ORDRE DE L'ARMÉE

OBTENUES PAR LE

4e RÉGIMENT DE MARCHE DE TIRAILLEUR

(1er, 5e ET 6e BATAILLONS DU 4e TIRAILLEURS)

Ordre Général N° 104 du 16 Septembre 1915, de la Xe Armé

Après avoir pris part à toute la campagne du Maroc et ass héroïquement en 1912 la défense de Fez, a fait preuve constamm depuis le début de la campagne d'une parfaite discipline et de l'esp offensif le plus énergique.

Le 16 juin 1915, sous les ordres du lieutenant-colonel Daug a enlevé de la façon la plus brillante et au prix de lourdes per quatre lignes de tranchées ennemies et s'y est maintenu, malgré feu violent et des contre-attaques répétées.

Ordre Général N° 478 du 30 Janvier 1916, de la IVe Armé

Le 25 septembre 1915, opérant en deux détachements, s'est ru l'assaut du Bois Sabot, a enlevé la position d'un seul élan, mal l'explosion de trois fourneaux de mines sous les pas des assaillants l'organisation formidable de la position, faisant plus de 400 pris niers dont 11 officiers et prenant de nombreuses mitrailleuses, minenwerfer et un matériel considérable.

Ordre Général N° 900 du 20 Septembre 1917, de la IIe Arm

Régiment de tout premier ordre et remarquablement entraîné donné le 20 août 1917, sous les ordres du lieutenant-colonel Auber la preuve de sa haute valeur en enlevant sur une profondeur de de trois kilomètres une série d'organisations ennemies, en conser l'ordre le plus parfait. Arrivé au terme de ses objectifs s'est emp par une brillante et vigoureuse action, d'une batterie ennemie en armée, puis, prêtant son concours au régiment voisin, a poussé reconnaissances jusqu'aux nouvelles lignes ennemies, pénétrant un village encore occupé et fouillant les batteries abandonnées l'ennemi, où il a recueilli du matériel et effectué des destructions fait 400 prisonniers et capturé 6 canons, 11 mitrailleuses et 3 mi werfer.

Ordre Général N° 341 du 20 Septembre 1918, de la Xe Armée :

Superbe régiment qui vient, sous le commandement du lieutenant-colonel Aubertin, de faire preuve une fois de plus, au cours de la dure période du 28 mai au 17 juin, de son remarquable moral et de son parfait entraînement. Le 12 juin, après les dures fatigues des combats précédents, a reçu, sur un front de près de deux kilomètres, une violente attaque allemande menée par des effectifs quatre fois supérieurs en nombre, appuyée par une intense préparation d'artillerie et précédée de troupes spéciales d'assaut, par la vaillance de ses unités, la soudaineté et la vigueur de ses contre-attaques, a maintenu intégralement sa position, faisant éprouver à l'ennemi des pertes considérables.

Ordre Général du 13 Juillet 1918 :

Superbe régiment qui vient, sous le commandement du Lieutenant-Colonel Aubertin, de faire preuve une fois de plus, au cours de la dure période du 28 mai au 17 juin, de son remarquable moral et de son parfait entraînement. Le 12 juin, après les dures fatigues des combats précédents a reçu, sur un front de plus de 2 kilomètres, une violente attaque allemande menée par des effectifs quatre fois supérieurs en nombre appuyée par une intense préparation d'artillerie et précédée de troupes spéciales d'assaut. Par la vaillance de ses unités, la soudaineté et la vigueur de ses contre-attaques, a maintenu intégralement sa position, faisant éprouver à l'ennemi des pertes considérables. (Décision du Général commandant en chef du 13 juillet 1918.)

Ordre Général du 10 Novembre 1918 :

Régiment d'élite parfaitement entraîné et d'une cohésion remarquable. Sous les ordres du Lieutenant-Colonel Aubertin, au cours d'une progression victorieuse marquée par des combats acharnés sur un terrain particulièrement difficile, a su mener à bien la tâche qui lui incombait. Chargé les 26, 27, 28 et 29 sept. 1918 de la conquête de la partie Ouest de la Butte du Mesnil, puis du plateau de Grateuil et des pentes au Sud de Marvaux, a progressé sans arrêt, manœuvrant avec autant de science que de vigueur les obstacles qui lui étaient opposés. A atteint tous ses objectifs et capturé au cours de cette avance de 11 kilomètres : 838 prisonniers dont 21 Officiers, 29 canons, 12 minenwerfer et de nombreuses mitrailleuses. (Ordre Général du 10 novembre 1918.)

Ordre Général du 25 Décembre 1918 :

Régiment d'élite, au passé glorieux. A sous le commandement du Lieutenant-Colonel Aubertin, au cours des opérations du 30 août au 3 septembre 1918, donné à nouveau la mesure de sa ténacité et de son héroïsme. Prenant la suite d'un Régiment d'Infanterie dont l'attaque avait été enrayée dès le début avec les plus lourdes pertes, il a pu malgré les nombreuses mitrailleuses ennemies restées intactes et un tir de barrage d'une violence toute particulière, mordre dans les positions ennemies occupées par un adversaire résolu, l'obligeant à la retraite, réalisant ainsi par la suite une avance de quatre kilomètres. (Notification du G. Q. G. du 25 Décembre 1918).

Nota. — Les 3 dernières citations ont été obtenues par le 4e Tirailleurs après son départ de la Division Marocaine, alors qu'il faisait partie de la 2e D. M.

CITATIONS A L'ORDRE DE L'ARMÉE

OBTENUES PAR LE

7e REGIMENT DE MARCHE DE TIRAILLEURS

(1er BATAILLON DU 5e TIRAILLEURS (1), 1er ET 4e BATAILLONS DU 2e TIRAILLEURS, 3e BATAILLON DU 6e TIRAILLEURS, 4e BATAILLON DU 7e TIRAILLEURS)

Ordre Général No 104 du 16 Septembre 1916, de la Xe Armée :

Le 9 mai, sous les ordres du lieutenant-colonel Demetz, a enlevé à la baïonnette avec un entrain superbe les positions ennemies, traversant sans arrêt quatre lignes successives de tranchées allemandes et gagnant quatre kilomètres de terrain ; s'y est énergiquement maintenu pendant deux jours, malgré de très violentes contre-attaques et un bombardement intensif et ininterrompu de front et d'écharpe.

Ordre Général No 478 du 30 Janvier 1916, de la IVe Armée :

Sous les ordres du lieutenant-colonel Demetz, le 25 septembre 1915, a brillamment enlevé plusieurs lignes de tranchées allemandes, s'emparant à la baïonnette de plusieurs batteries, prenant de nombreuses mitrailleuses et faisant un butin considérable. A poursuivi l'ennemi à travers un terrain particulièrement difficile avec un remarquable allant; a atteint et même dépassé l'objectif qui lui était assigné.

Ordre Général No 900 du 30 Septembre 1917, de la IIe Armée :

Magnifique régiment qui vient, sous le commandement du lieutenant-colonel Schultz, de faire preuve une fois de plus de toute sa valeur offensive. Après une préparation minutieuse, dans laquelle Français et indigènes ont rivalisé d'ardeur, s'est élancé, le 20 août 1917, à l'assaut d'une position ennemie puissamment fortifiée, et où l'existence d'un tunnel exigeait une manœuvre sûre et rapide. S'en est rendu maître, obligeant les défenseurs à se rendre après 24 heures de lutte et capturant 1.100 prisonniers, 13 mitrailleuses, 14 minenwerfer et détruisant 4 canons.

---

(1) Bataillon Sacquet qui a quitté la Division du Maroc en janvier 1916. (Affecté à la 45e D. I.)

Ordre Général N° 69 du 14 Juillet 1918, de la Ire Armée :

Partiellement engagé les 11 et 12 avril 1918, sous les ordres du lieutenant-colonel SCHULTZ, et ayant subi des pertes sérieuses et de dures fatigues, s'est néanmoins porté à l'attaque le 26 avril, avec un allant remarquable, malgré les nombreuses mitrailleuses qui lui étaient opposées. Privé d'une partie de ses cadres, n'en a pas moins poursuivi son avance. Arrêté par ordre dans un mouvement en avant qui allait le placer dans une position critique, s'est organisé sur sa position et l'a conservée jusqu'à la relève malgré toutes les contre-attaques ennemies.

Ordre général N° 343 du 13 Octobre 1918, de la Xe Armée :

Régiment d'attaque de premier ordre, qui, pendant les journées du 29 au 31 mai 1918, a soutenu les plus durs combats contre un ennemi nombreux et ardent. Par sa vaillance, son endurance et son esprit de sacrifice, a partout maintenu ses positions, arrêtant net les progrès de l'adversaire et lui infligeant des pertes terribles. Le 18 juillet, sous les ordres du lieutenant-colonel MENSIER, vient encore d'affirmer sa valeur offensive en se portant à l'attaque avec un entrain remarquable, enlevant, aprés une marche d'approche de quelques kilomètres, plusieurs points d'appui fortement organisés, capturant de nombreuses pièces de canons, faisant des centaines de prisonniers ; a atteint d'un seul élan l'objectif normal, distant de plus de quatre kilomètres de la base de départ. Au cours des journées des 19 et 20 juillet, a accentué cette progression en résistant à plusieurs contre-attaques ennemies et en n'abandonnant, malgré leur violence, aucune parcelle du terrain conquis.

Ordre Général N° 347 du 10 Novembre 1918, de la Xe Armée :

Régiment animé du plus haut esprit offensif ; à peine reformé, comprenant un bataillon composé de jeunes indigènes qui n'avaient jamais vu le feu, a, sous les ordres du lieutenant-colonel MENSIER, été engagé du 2 au 16 septembre 1918 dans des conditions exceptionnellement dures. Malgré des tirs d'artillerie particulièrement violents, dans une atmosphère saturée de gaz toxiques, a arraché à l'ennemi des positions formidablement garnies de mitrailleuses auxquelles celui-ci se cramponnait désespérément. Opposé aux régiments allemands les plus réputés, les a bousculés, en leur causant de lourdes pertes et en leur faisant 560 prisonniers, dont 5 officiers. A progressé de plus de sept kilomètres, capturant de nombreuses pièces d'artillerie et un matériel considérable.

CITATIONS À L'ORDRE DE L'ARMÉE

OBTENUES PAR LE

8e RÉGIMENT DE MARCHE DE ZOUAVES

(1er BATAILLON DU 1er ZOUAVES, 2e BATAILLON DU 3e ZOUAVES, 3e BATAILLON DU 2e ZOUAVES, 4e BATAILLON DU 3e ZOUAVES (1)

Ordre Général N° 102 du 8 Septembre 1915, de la Xe Armée :

Le 16 juin, sous les ordres du lieutenant-colonel Modelon, a brillamment enlevé à la baïonnette, quatre lignes de tranchées allemandes et s'y est maintenu, malgré les violentes contre-attaques de l'ennemi, sous un feu intense d'artillerie et de mitrailleuses.

Alerté dans son cantonnement de repos pour reprendre ces mêmes tranchées perdues, s'en est de nouveau emparé le 22 juin, par une charge à la baïonnette menée avec un élan remarquable.

Ordre Général N° 478 du 30 Janvier, de la IVe Armée :

Le 25 septembre 1915, sous les ordres du colonel Modelon, a brillamment enlevé plusieurs lignes de tranchées allemandes et poursuivi énergiquement l'ennemi jusqu'à l'objectif indiqué, a pris à la baïonnette une batterie allemande. S'est emparé de nombreuses mitrailleuses et fait un gros butin. S'est ensuite organisé et maintenu dans un secteur des plus délicats, fournissant pendant trois semaines un effort exceptionnel avec un entrain et une bonne humeur remarquables.

Ordre Général N° 809 du 7 Mai 1917, de la IVe Armée :

Sous les ordres du lieutenant-colonel Lagarde, a enlevé le 17 avril 1917, avec un élan merveilleux, une série de hauteurs puissamment fortifiées. A ainsi atteint d'un seul élan l'objectif qui lui avait été fixé, faisant plus de 500 prisonniers et s'emparant de 6 canons et d'un matériel considérable (mitrailleuses, minenwerfer de divers calibres).

Le 19 avril 1917, a arrêté net une puissante contre-attaque ennemie, faisant 75 prisonniers, s'emparant de 6 mitrailleuses et d'un canon de 150.

---

(1) Supprimé en juillet 1916 après les opérations sur la Somme.

Le 20 avril, malgré un bombardement d'une extrême violence, a brisé une nouvelle attaque ennemie menée par deux régiments, a progressé à la suite de cette attaque, faisant des prisonniers et s'emparant de trois canons de 105.

Pendant cinq jours, les zouaves du 8e, et en particulier le 2e bataillon, sous l'énergique impulsion du commandant Durand, n'ont cessé de faire preuve d'une initiative individuelle et d'un moral qui ont fait l'admiration de tous.

dre Général N° 900 du 20 Septembre 1917, de la IIe Armée :

Véritable régiment d'attaque aussi remarquable par son superbe moral que par son parfait entraînement. Vient encore, le 20 août 1917, sous les ordres du lieutenant-colonel Lagarde, de faire preuve de ses hautes qualités manœuvrières, en enlevant sur une profondeur de trois kilomètres une série d'organisations importantes.

Marchant aussitôt de l'avant, les reconnaissances du 8e zouaves, vigoureusement commandées et faisant preuve de l'ardeur traditionnelle de leur régiment, ont pénétré dans des batteries ennemies où un matériel considérable a été détruit, puis, constatant au delà de leur objectif la présence de batteries en action, ont poussé jusqu'à elles à travers notre propre barrage, et en ont détruit les défenseurs et le matériel, malgré une énergique résistance de l'adversaire.

A capturé 360 prisonniers, 10 mitrailleuses, 76 minenwerfer et fait sauter 7 canons.

dre Général N° 341 du 20 Septembre 1918, de la Xe Armée :

Après avoir, dans la Somme, en avril 1918, mené avec abnégation une lutte très dure, à peine reconstitué, enlevé de ses cantonnements de repos et jeté dans la mêlée en quelques heures, a, sous les ordres du lieutenant-colonel Lagarde, pendant les journées des 29 et 30 mai 1918, opposé aux masses allemandes un mur inébranlable, et, par les heureuses dispositions de son chef, par la valeur et l'esprit de sacrifice déployé par chacun, a largement contribué à enrayer l'avance ennemie.

dre Général N° 343 du 13 Octobre 1918, de la Xe Armée :

Magnifique régiment, confiant dans sa force, fier de son passé et sûr de la victoire. Le 18 juillet 1918, sous les ordres du commandant CALLAIS, après une marche d'approche d'une longueur égale, s'est enfoncé de quatre kilomètres dans les lignes allemandes, balayant dans un élan impétueux toutes les résistances que lui opposait un ennemi acharné. Arrivé à l'objectif normal qui lui était assigné, a essayé deux fois, dans la même journée, de le dépasser. A réussi, le 19, dans un élan irrésistible, à progresser encore, portant ainsi son avance totale à onze kilomètres. Le 20 juillet, a opposé aux très violentes contre-attaques de l'ennemi l'énergie farouche d'une troupe décidée à la victoire et au sacrifice et a conservé intégralement les positions conquises. A capturé 20 canons, plusieurs centaines de prisonniers, un nombre considérable de mitrailleuses, lourdes et légères, et de minenwerfer.

Ordre Général N° 347 du 10 Novembre 1918, de la Xe Armée

Fidèle à son passé d'héroïsme et de gloire, vient encore, penda dix-huit jours de bataille acharnée, de prouver sa valeur. Sous l ordres du lieutenant-colonel LAGARDE, il entre, le 2 septemb 1918, au contact de l'ennemi qu'il presse et harcèle le 3 et le 4. Le il voit la récompense de sa ténacité, et, talonnant dans une arden poursuite les arrières-gardes en retraite, s'empare du village de Ne ville-sur-Margival et progresse de plus de cinq kilomètres. Heurté le aux retranchements de la ligne Hindenburg, il les martèle penda sept jours, avançant pas à pas dans une lutte sans merci. Le violemment contre-attaqué, il oppose à la ruée ennemie le mur inébra lable de sa bravoure. Les 14 et 15, attaque à nouveau, sous les ordr du lieutenant-colonel CADIOT, et progresse encore. A réalisé u avance totale de plus de sept kilomètres, capturé des prisonniers et matériel considérable.

CITATIONS A L'ORDRE DE L'ARMÉE

OBTENUES PAR

L'ARTILLERIE DE LA DIVISION MAROCAINE

Ordre Général N° 219 du 7 Mai 1916, de la Xe Armée :

Depuis le début de la campagne et, en toutes circonstances, les groupes de l'A. C./D. M. se sont comportés avec une bravoure, un allant et une audace remarquables, en donnant la preuve d'un mépris complet du danger. Par leur liaison étroite avec l'infanterie et la préparation parfaite des attaques, ont permis d'obtenir des résultats considérables, notamment au cours de la bataille de la Marne, en Artois les 9 mai et 16 juin, et le 25 septembre en Champagne.

Ordre Général N° 900 du 20 Septembre 1917, de la IIe Armée :

Amené dans le secteur d'attaque, peu de jours avant l'offensive de Verdun, le 5e groupe d'Afrique, sous les ordres du lieutenant-colonel Strickler, a pris des positions avancées non préparées, à peine défilées aux vues des observatoires terrestres, dans un terrain déjà bouleversé et continuellement bombardé.

A préparé et exécuté des destructions complètes, malgré de grandes difficultés de liaison et d'observation, malgré ses pertes, grâce au courage et à l'abnégation de son personnel, tirant en permanence à découvert, de jour sous des rafales d'obus de gros calibre, de nuit sous de violents bombardements d'obus toxiques.

A maintenu, pendant toute la conquête des différents objectifs par l'infanterie, un barrage précis et une liaison permanente avec les premières vagues. A puissamment contribué ainsi à éviter des pertes à l'infanterie et, le terrain conquis, a empêché par des tirs de destruction rapides et précis toute réaction de l'ennemi.

Ordre Général N° 343 du 13 Octobre 1918, de la Xe Armée :

Sous l'énergique impulsion du lieutenant-colonel STRICKLER, s'est prodigué sans compter dans les nombreuses affaires auxquelles il a pris part depuis quatre mois. A puissamment contribué à enrayer les attaques ennemies du 30 mai 1918, devant Soissons, ne se repliant qu'à la dernière minute, sans laisser un obus aux mains de l'ennemi. Le 12 juin, soumis à un bombardement intense, n'a cessé d'appuyer l'infanterie avec tant d'efficacité, que la violente attaque ennemie sur

Ambleny a été brisée net. Au cours de l'offensive du 18 au 22 juillet, a rivalisé d'ardeur avec l'infanterie pour assurer le succès. Suivant au plus près les vagues d'assaut, en contact étroit avec nos troupes, s'est mis en position dans des zones encore violemment battues par les mitrailleuses ennemies. Soumis à de violents bombardements dans la matinée du 20 juillet, a fait, par sa crânerie sous le feu, l'admiration des plus héroïques de nos fantassins.

Ordre Général N° 560 du 9 Novembre 1918, de la IIIe Armée :

Magnifique régiment, digne des héroïques régiments d'infanterie de la Ire Division Marocaine. Sous les ordres du lieutenant-colonel STRICKLER, s'est, une fois de plus, dépensé sans compter au cours des opérations du 1er au 20 septembre 1918, dans le Soissonnais. Poussant hardiment ses batteries en avant, a puissamment contribué à forcer l'ennemi à la retraite, tant par l'appui efficace prêté à notre infanterie aux heures d'attaque que par la désorganisation provoquée chez l'adversaire par des tirs de harcèlement ininterrompus.

Le 14 septembre 1918, par la précision et l'efficacité de son tir, a largement participé au succès de l'attaque de la Ire Brigade Marocaine, lui permettant de franchir avec des pertes minimes les formidables organisations ennemies de la ligne Hindenburg, de s'emparer du village d'Allemant et de faire un millier de prisonniers. Malgré une réaction extrêmement violente de l'artillerie allemande, a maintenu jusqu'au moment de sa relève un groupe à moins de 1.300 mètres des premières lignes. Grâce au bon fonctionnement de ses liaisons, a toujours, et quel que soit le bombardement subi, donné à notre infanterie l'appui le plus complet et l'a grandement aidée à repousser les nombreuses et violentes contre-attaques de la garde prussienne.

DRAPEAUX ET FANIONS DE LA D. M.

EN DÉCEMBRE 1917.

CITATION A L'ORDRE DE L'ARMÉE

OBTENUE PAR LA

11ᵉ BATTERIE DE 58 T. DU 6ᵉ D'ARTILLERIE

e Général Nº 826 du 14 Mai 1917, de la IVᵉ Armée :

Chargée de coopérer à l'attaque des organisations défensives de la région d'Auberive, défendues avec acharnement par l'ennemi, a, pendant les journées des 18 au 21 avril 1917, sous les ordres de ses chefs, le capitaine Morel et le lieutenant Chamblier, soutenu le combat des grenadiers avec un acharnement farouche, éprouvant de lourdes pertes et forçant l'admiration du bataillon de la Légion dont elle appuyait la progression.

CITATION A L'ORDRE DE L'ARMÉE

OBTENUE PAR LE

8ᵉ GROUPE DU 112ᵉ RÉGIMENT D'ARTILLERIE LOURDE

re Général Nº 560 du 9 Novembre 1918, de la IIIᵉ Armée :

Sous les ordres du chef d'escadron ENCHÉRY, le 8ᵉ Groupe du 112ᵉ régiment d'artillerie lourde n'a cessé de montrer, depuis les débuts de l'année 1918, les plus belles qualités d'audace, d'endurance et d'aptitude manœuvrière. A puissamment contribué au succès des nombreuses opérations auxquelles il a participé, du 4 avril au 20 septembre, recevant à de nombreuses reprises les félicitations les plus vives de l'infanterie, qu'il était chargé d'appuyer. Le 14 septembre 1918, a prêté aux troupes en ligne l'aide la plus efficace, lui facilitant grandement la rupture de la ligne Hindenburg, la conquête du village d'Allemant et la capture de nombreux prisonniers.

CITATIONS A L'ORDRE DE L'ARMÉE

OBTENUES PAR LE

12e BATAILLON DE CHASSEURS MALGACHES

Ordre Général N° 612 du 25 Juillet 1918, de la VIe Armée :

Unité tactique de premier ordre sous les ordres du commandant GROINE, tombé glorieusement le 31 mai, puis du capitaine adjudant-major ROSSIGNEUX, n'a cessé de combattre en première ligne, pendant les opérations du 27 mai au 4 juin, disputant le terrain avec une indomptable ténacité et sans souci des pertes subies, à un adversaire très supérieur en nombre. A largement contribué, par son esprit de sacrifice et ses brillantes qualités guerrières, à rétablir une situation difficile et à reconstituer le front, contre lequel les efforts de l'ennemi sont finalement venus échouer.

Ordre général N° 343 du 13 Octobre 1918, de la Xe Armée :

Le 18 juillet 1918, sous l'énergique impulsion de son chef, le commandant HIPPEAU, s'est élancé à l'assaut d'un village fortement organisé et tenu par l'ennemi et l'a enlevé dans un élan superbe. Entreprenant aussitôt une nouvelle action dans une direction différente, a occupé et nettoyé rapidement un bois rempli de mitrailleuses. A ainsi réalisé une avance de 3 kilomètres, sur un front de 1.800 mètres, faisant plusieurs centaines de prisonniers, capturant des canons et de nombreuses mitrailleuses.

Ordre Général N° 347 du 10 Novembre 1918, de la Xe Armée :

Bataillon magnifique qui, sous l'énergique commandement du chef de bataillon HIPPEAU, s'est signalé au cours des opérations du 28 août au 15 septembre 1918, par son mordant, sa vigueur, sa ténacité et le bel esprit de sacrifice qui l'anime. Le 2 septembre, malgré les feux nourris de mitrailleuses qui le prennent de flanc et de front, il emporte de haute lutte les organisations du village de Terny-Sorny, y fait près de 200 prisonniers et s'y maintient, malgré de violentes contre-attaques. Le 14 septembre, poursuivant un effort qui ne s'était jamais démenti durant douze jours, il s'élance à l'attaque des positions ennemies solidement tenues ; dans un élan irrésistible, il submerge tout un système de tranchées fortement organisées et défendues par les troupes ennemies, fait plus de 200 prisonniers et capture un énorme matériel.

CITATIONS A L'ORDRE DE L'ARMÉE

OBTENUES PAR

LES COMPAGNIES DU GÉNIE

COMPAGNIE 26/2 M. DU 2e RÉGIMENT DU GÉNIE

Ordre Général N° 900 du 20 Septembre 1917, de la IIe Armée :

Unité de premier ordre qui avait déjà donné en Champagne, en avril 1917, la mesure de ses qualités offensives. Sous le commandement du capitaine Le Goupils, vient encore de se signaler aux combats qui se sont déroulés devant Verdun, le 20 août 1917 et jours suivants, en détruisant 10 canons ennemis en avant de nos lignes, et en participant à la prise du tunnel du bois des Corbeaux.

Ordre N° 13166 D. du 1er Février 1919, du Maréchal de France commandant en Chef :

Compagnie d'élite qui, après s'être comportée de façon particulièrement brillante les 12 et 13 juin 1918, a fait preuve, sous les ordres du capitaine de Lespinois, des plus belles qualités, participant aux attaques des 2, 5 et 14 septembre 1918, avec l'infanterie, organisant le terrain conquis et exécutant, malgré de fortes pertes, tous les travaux qui lui étaient confiés.

COMPAGNIE 19/52 M. DU 2e RÉGIMENT DU GÉNIE

Ordre Général N° 900 du 20 Septembre 1917, de la IIe Armée :

Ancienne compagnie territoriale, est devenue, grâce à la vigoureuse impulsion de son commandant, le capitaine Letheux, une unité de premier ordre qui, sur tous les champs de bataille où a été engagée la Division du Maroc, s'est fait apprécier par ses qualités offensives et qui, au Nord de Verdun, en août 1917, a contribué au succès des opérations en détruisant, au cours de reconnaissances, des pièces ennemies et en organisant au fur et à mesure de leur occupation les positions conquises.

Ordre N° 13166 D. du 1er Février 1919, du Maréchal de France commandant en Chef :

Compagnie d'élite animée du plus haut esprit du devoir, s'est déjà distinguée au cours des affaires d'avril et juin 1918, en coopérant avec l'infanterie, à la défense du terrain. Vient à nouveau de se distinguer du 2 au 15 septembre 1918, sous le commandement du capitaine Hyon, en participant à l'attaque du 2 septembre et effectuant malgré les pertes subies, tous les travaux qui lui étaient demandés. A créé notamment, à proximité de l'ennemi et dans des conditions difficiles une parallèle de départ qui a facilité la conquête d'un système de tranchées fortement organisé.

CITATIONS A L'ORDRE DE L'ARMÉE

OBTENUES PAR LE

BATAILLON DE LÉGION RUSSE

Ordre Général N° 12.236/D du 10 Décembre 1918, du Maréchal de France, Commandant en Chef :

Le 26 avril 1918, s'est porté à l'attaque avec une fougue impétueuse et un superbe dédain de la mort. S'est maintenu sur les positions conquises malgré les contre-attaques et le bombardement continu, faisant l'admiration de tous. A pris une part non moins brillante aux opérations devant Soissons, les 29 et 30 mai 1918, où il a déployé les mêmes qualités d'allant, de sacrifice, d'énergie et d'opiniâtreté.

Ordre Général N° 344 du 12 Octobre 1918, de la Xe Armée :

Bataillon d'élite dont la haine implacable de l'ennemi anime toutes les actions, joignant à un mépris complet de la mort le plus bel enthousiasme pour une cause sacrée. Le 2 septembre 1918, a fait preuve des plus belles qualités manœuvrières, d'un remarquable esprit de sacrifice, d'une vigueur et d'une ténacité au-dessus de tout éloge. Etant bataillon de deuxième ligne, s'est spontanément porté en avant de la première ligne dont la progression était arrêtée par des feux violents d'artillerie et de mitrailleuses. Par une habile manœuvre, a débordé et tourné par l'est le village de Terny-Sorny, s'en est emparé et s'y est maintenu après une lutte des plus âpres, allant jusqu'au corps à corps et durant toute la nuit. A résisté le lendemain et le surlendemain à de furieuses contre-attaques. Le 14 septembre, a contribué à la réduction d'un nid de mitrailleuses puissamment organisé et défendu avec acharnement. Puis, continuant sa progression avec une énergie inlassable et un esprit de sacrifice des plus élevés, a contribué à l'enlèvement du plateau à l'est d'Allemant, dont l'ennemi avait fait une position redoutable.

CITATION A L'ORDRE DE L'ARMÉE

OBTENUS PAR LE

GROUPE DE BRANCARDIERS DIVISIONNAIRES

Ordre Général N° 345 du 15 Octobre 1918, de la Xe Armée :

Groupe de brancardiers merveilleux d'entrain, de courage et de dévouement. A secouru et évacué les blessés dans tous les grands combats où sa division a été engagée depuis le début de la campagne. Pendant les derniers combats, sous les commandements successifs des médecins-majors BEAUFORT et DUPONT, a évacué les blessés avec une rapidité remarquable, malgré les difficultés du terrain, en rase campagne, sans aucune protection, malgré la violence des bombardements.

CITATIONS A L'ORDRE DE L'ARMÉE

OBTENUES PAR

L'ESCADRILLE B. R. 104

Ordre Général N° 341 du 20 Septembre 1918, de la Xe Armée :

Escadrille qui, sous les ordres du capitaine ARON, n'a cessé, pendant la période du 28 mai au 20 juin 1918, devant Soissons, d'apporter constamment au commandement, au prix de pertes sérieuses en personnel et matériel, les renseignements les plus précieux sur l'ennemi, exécutant journellement des reconnaissances audacieuses au-dessus des lignes, rapportant photographies et renseignements, exécutant les réglages d'artillerie et engageant audacieusement le combat, souvent contre un ennemi supérieur en nombre.

Ordre Général N° 351 du 6 Janvier 1919, de la Xe Armée :

Escadrille de tout premier ordre qui, sous les ordres du capitaine ARON, mort au champ d'honneur, puis du capitaine CHATEL, au cours de trois mois de combats acharnés, du 20 juin au 20 septembre 1918, a montré des qualités admirables de bravoure et d'entrain, remplissant audacieusement, en volant très bas, en plein combat, toutes les missions de reconnaissances d'infanterie, de réglages et de bombardements qui lui furent confiées, forçant l'admiration des troupes de la Division Marocaine, dont elle partage depuis un an les succès et la gloire.

LE DRAPEAU

DU RÉGIMENT DE MARCHE DE LA LÉGION ÉTRANGÈRE

DÉCORÉ DE LA LÉGION D'HONNEUR

La Croix de la Légion d'honneur est conférée au drapeau du régiment de marche de la Légion Étrangère :

Merveilleux régiment, qu'animent la haine de l'ennemi et l'esprit de sacrifice le plus élevé.

En Artois, le 9 mai 1915, sous les ordres du lieutenant-colonel Cot, s'est élancé à l'assaut des Ouvrages Blancs, enfonçant, d'un seul bond, toutes les organisations ennemies, enlevant la cote 140, poussant jusqu'à Carency et Souchez.

En Champagne, le 25 septembre 1915, sous les ordres du colonel Lecomte-Denis, puis du commandant Rozet, a conquis l'ouvrage de Wagram, au Nord de Souain.

Le 28 septembre, sous les ordres du lieutenant-colonel Cot, a triomphé d'une organisation puissante et, poussant jusqu'aux tranchées et au bois de la Ferme de Navarin, les a enlevés.

Dans la Somme, le 4 juillet 1916, sous les ordres du lieutenant-colonel Cot, après avoir franchi un glacis de 800 mètres, fauché par les mitrailleuses, a conquis à la baïonnette Belloy-en-Santerre et l'a gardé, malgré un bombardement intense, contre les efforts violents et répétés de l'ennemi.

En Champagne, devant les monts de Moronvilliers, le 17 avril 1917, sous les ordres du lieutenant-colonel Duriez, puis du commandant Deville, s'est élancé à l'attaque contre un ennemi résolu, trois fois supérieur en nombre. Par un combat corps à corps, ininterrompu pendant cinq jours et cinq nuits, s'est emparé des tranchées du Golfe et du village d'Auberive.

A Verdun, le 20 août 1917, sous les ordres du lieutenant-colonel Rollet, a enlevé le village de Cumières et son bois, avec une telle fougue, qu'il a dépassé l'objectif final qui lui était assigné. S'est ensuite rendu maître de la côte de l'Oie et de Régneville.

OUS-OFFICIERS

CAPORAUX

ET SOLDATS

DE LA DIVISION MAROCAINE

DÉCORÉS DE LA

LÉGION D'HONNEUR

ÉGIMENT DE MARCHE DE LA LÉGION ÉTRANGÈRE

Le 18 mai 1917, le Général en Chef confère la Croix de la Légion d'honneur à l'adjudant Mader, à la suite de sa brillante conduite pendant les opérations d'avril 1917.

MADER Max-Emmanuel, adjudant-chef à la 6e compagnie du régiment de marche de la Légion Étrangère :

« Sous-officier d'une bravoure et d'une énergie remarquables, chef de section hors ligne, véritable entraîneur d'hommes. Toujours à la tête de sa troupe, s'est admirablement conduit au cours des combats du 17 au 21 avril 1917; par d'heureuses dispositions et par le tir précis de ses fusils mitrailleurs a assuré avec sa section la capture d'une batterie ennemie, mettant en fuite une compagnie d'infanterie qui la soutenait. »

« Déjà deux fois cité à l'ordre. »

Le 27 septembre 1917, le général Pétain, commandant en chef, accorde la Croix de la Légion d'honneur aux trois légionnaires dont les noms suivent :

Caporal AROCAS André, du régiment de marche de la Légion Étrangère :

« Engagé volontaire pour la durée de la guerre, au front depuis le début des hostilités. A participé à tous les combats du régiment. Grenadier d'élite, superbe d'entrain, de courage et de sang-froid, admiré et adoré de ses hommes. En Champagne (avril 1917), a lutté pendant 36 heures pour la conquête d'une tranchée désespérément défendue. L'objectif atteint, sa section se trouvait réduite à deux hommes.

« Devant Verdun, le 20 août 1917, a de nouveau prouvé sa maîtrise dans un combat de boyaux, tuant les grenadiers ennemis qui résistaient, faisant trois prisonniers et contribuant à la capture de trois autres prisonniers en fin de la journée. Trois blessures, quatre citations. »

Caporal LEVA Fortunato, du régiment de marche de la Légion Étrangère :

« Engagé volontaire pour la durée de la guerre, au front depuis le début des hostilités, a participé à tous les combats du régiment. Grenadier d'élite, d'une audace et d'un mordant extraordinaires, toujours en tête donnant l'exemple. En Champagne (avril 1917), tous les gradés de son groupe étant tombés, a pris le commandement de ses camarades et a continué le combat avec une énergie farouche.

« Devant Verdun, a entraîné ses hommes avec un élan superbe à l'assaut des positions ennemies; le 21 août 1917, a occupé un poste violemment bombardé en avant de nos lignes et s'y est maintenu malgré de lourdes pertes. Trois citations. »

Caporal DIETA Jaime, du régiment de marche de la Légion Étrangère :

« Mitrailleur d'élite, au front depuis le début de la campagne. A participé à tous les combats du régiment. Modèle de bravoure et de sang-froid, a toujours eu une magnifique attitude au feu.

« Pendant le combat devant Verdun a, par la précision et l'à-propos de ses tirs, contribué à briser plusieurs contre-attaques, infligeant des pertes sévères à l'ennemi. Le 2 septembre 1917 étant en position de flanquement sur un point sérieusement bombardé et ayant eu une pièce démolie et le tireur tué par un obus, a remis aussitôt une pièce en batterie sur le même emplacement, donnant le plus bel exemple du devoir et du sacrifice. Une blessure et deux citations. »

Le 10 janvier 1918, le général Pétain, commandant en chef, accorde la Croix de Chevalier de la Légion d'honneur à l'adjudant-chef BAUR Jean, numéro matricule 41.354, du régiment de marche de la Légion Étrangère :

« Chef de section remarquable, modèle de bravoure, de sang-froid et de dévouement. S'est particulièrement signalé le 8 janvier 1918, où il s'est porté d'un superbe élan, à la tête de sa section, à l'assaut des tranchées ennemies. A été grièvement blessé au moment où il atteignait l'objectif final. »

Le 13 juin 1918, le général Pétain, commandant en chef, accorde la Croix de la Légion d'honneur à l'adjudant-chef SAPÈNE Henri-Guillaume, numéro matricule 42.606, du régiment de marche de la Légion Étrangère :

« Vaillant sous-officier, dont la crânerie et l'enthousiasme font l'admiration de tous. Après avoir subi un bombardement très sévère, a brisé les assauts furieux d'un ennemi dix fois supérieur en nombre et a maintenu intégralement sa position, infligeant des pertes énormes à l'adversaire. Trois citations. »

LÉGION RUSSE

Décision Ministérielle du 2 janvier 1919. J. O. du 5 Janvier. — Chevalier de la Légion d'Honneur.

WEDNSKY Dmitry, soldat de 1e classe à la Légion Russe.

« Soldat d'une bravoure admirable, très crâne au combat, unissant le plus grand sang-froid à la plus intelligente initiative. Médecin dans l'Armée Russe est entré le premier comme volontaire dans la Légion ; y a pris part à tous les combats, le 14 Septembre 1918, s'est élancé le premier à l'attaque, donnant l'exemple du plus complet mépris du danger ; a contribué à briser une contre-attaque en mettant, de sa propre initiative, sa pièce en batterie, sous un violent feu d'artillerie, prenant l'ennemi d'enfilade et lui infligeant des pertes sérieuses, a obtenu cinq récompenses comme officier dans l'armée russe et a été cité à l'ordre d'un corps d'Armée français. Croix de guerre. »

DRAPEAUX ET FANIONS DE LA D. M.

DRAPEAUX ET FANIONS DE LA D. M.

7e RÉGIMENT DE MARCHE DE TIRAILLEURS

Le 22 août 1915, le Général en Chef confère la Croix de la Légion d'honneur au tirailleur de première classe ZIDANE AHMED OULD BEN ALI :

« Vieux tirailleur, modèle de dévouement, de bravoure et de sang-froid. Le 28 août 1914, une voiture sur laquelle se trouvait la caisse de fonds du bataillon, contenant 50.000 francs en or, ayant dû être abandonnée faute d'attelage, sous un feu violent d'artillerie et de mitrailleuses, n'a pas hésité à charger cette caisse sur son épaule et au milieu de difficultés de toutes sortes, a réussi à rejoindre son bataillon 48 heures après ramenant intacte et complète la caisse de fonds. »

Le 20 septembre 1917, le Général en Chef confère la Croix de chevalier de la Légion d'honneur au sergent OUZAA MOHAMED OULD MILOUD pour sa brillante conduite à Verdun :

« Sous-officier indigène de tout premier ordre. Ancien de service et d'une bravoure exemplaire. Très grièvement blessé en montant à la tête de sa demi-section à l'assaut des positions ennemies. »

Le 13 décembre 1918, le Maréchal de France, commandant en chef, accorde la Croix de Chevalier de la Légion d'honneur à l'adjudant MUGNIER Camille, numéro matricule 7.880, du 7e régiment de marche de Tirailleurs :

« Excellent sous-officier, d'un courage et d'un sang-froid remarquables au feu. Au front depuis le début de la campagne. Chargé d'une mission spéciale avec sa section de mitrailleuses, au cours de l'attaque du 8 janvier 1918, s'en est acquitté avec un entrain et une intelligence dignes d'éloges. Blessé grièvement sa mission terminée, n'a proféré aucune plainte malgré la souffrance. Perte de la vision de l'œil gauche. Médaillé militaire pour faits de guerre. 6 citations. »

Le 2 mai 1918, le général Pétain, commandant en chef, accorde la Croix de Chevalier de la Légion d'honneur au sergent ABBAS-MILOUD, du 7e régiment de marche de Tirailleurs.

« Sous-officier remarquable par son dévouement et son calme devant le danger. A été, depuis le début de la campagne, un constant exemple de courage pour ses hommes. A été blessé grièvement le 26 avril 1918, en entraînant vigoureusement sa demi-section à l'assaut. Deux blessures antérieures. Médaillé militaire pour faits de guerre. 5 citations. »

Ordre de la Division. — Chevalier de la Légion d'Honneur à la date du 29 avril 1918.

LANGE Frédéric-Charles, adjudant au 7e Tirailleurs.

« Excellent sous-officier, plein d'allant. A été grièvement blessé le 26 avril 1918, en assurant la transmission des ordres du chef de bataillon avec un sang-froid remarquable sous un feu violent de mitrailleuses. Médaille militaire pour faits de guerre, trois citations. »

4e REGIMENT DE MARCHE DE TIRAILLEURS

Le 19 novembre 1914, la Croix de chevalier de la Légion d'honneur a été remise au :

Sergent MOHAMED BEN SLIMAN, numéro matricule 752, 22 ans de service, 41 campagnes, médaillé militaire depuis 1909.

« Le 6 novembre 1914, au combat de Soupir, a amené avec une rare bravoure sa section en renfort, sur la première ligne battue par un feu violent et, malgré des feux d'enfilade, s'est maintenu jusqu'au soir sur la position conquise. Blessé grièvement au bras et au ventre. »

Le 29 juin 1916, par ordre N° 3.207 D., le Général commandant en chef confère la Croix de la Légion d'honneur au caporal SADOK BEN OTMAN LEL KELLAI, numéro matricule 64.

« Gradé d'élite, ayant de très beaux états de service. Médaillé militaire, deux fois cité à l'ordre pour la bravoure et le dévouement dont il n'a cessé de faire preuve en toutes circonstances. Blessé très grièvement pour la deuxième fois, le 8 juin 1916, alors qu'à la tête de son escouade il poursuivait une patrouille ennemie. S'est montré digne de son passé et de la tradition des vieux tirailleurs, disant en montrant sa main broyée à son chef de bataillon : « Cela ne fait rien ; toujours je ferai mon service pour la France. » Amputé de la main droite.

LISTE DES  ÉNÉRAUX

DES

CHEFS DE CORPS ET DE SERVICES

DEPUIS L'ARRIVÉE DE LA DIVISION MAROCAINE
SUR LE FRONT

ISTE DES GÉNÉRAUX DES CHEFS DE CORPS ET DE SERVICES, DEPUIS L'ARRIVÉE DE LA DIVISION MAROCAINE SUR LE FRONT

I. — GÉNÉRAUX AYANT COMMANDÉ LA D. M.

Général Humbert. Du 18 août 1914 au 14 septembre 1914.
Général Blondlat. Du 14 septembre 1914 au 26 juin 1915.
Général Codet. Du 26 juin 1915 au 18 août 1916.
Général Degoutte. Du 18 août 1916 au 2 septembre 1917.
Général Daugan. Du 2 septembre 1917.

II. — CHEFS D'ÉTAT-MAJOR DE LA D. M.

Lieutenant-colonel de La Bruyère. Cavalerie. Du 18 août 1914 au 28 février 1915.
Chef de bataillon Huré. Génie. Du 28 février 1915 au 10 janvier 1916.
Chef d'escadron Lenoble. Artillerie. Du 10 janvier 1916 au 22 avril 1916.
Lieutenant-colonel Kastler. Infanterie. Du 23 avril 1916 au 5 décembre 1917.
Chef de bataillon Giraud. Du 5 décembre 1917.

III. — COMMANDANTS DE BRIGADE

1re Brigade.

Général Blondlat. Du 18 août 1914 au 14 septembre 1914.
Colonel Mérienne-Lucas. Du 14 septembre au 5 octobre 1914.
Colonel Lavenir. Du 5 octobre 1914 au 13 mars 1915.
Colonel Pein. Du 13 mars 1915 au 9 mai 1915 (mort au champ d'honneur).
Colonel Delavau. Du 14 mai 1915 au 10 février 1916.
Colonel Demetz. Du 10 février 1916 au 5 juillet 1917.
Colonel Mittelhausser. Du 9 juillet 1917 au 27 avril 1918.
Colonel Boucher. Du 27 avril 1918.

2e Brigade.

Colonel Cros. Du 28 septembre 1914 au 10 mai 1915 (mort au champ d'honneur).
Colonel d'Anselme. Du 14 mai 1915 au 23 janvier 1916.
Colonel Girodon. Du 25 janvier 1916 au 25 mai 1916 (mort au champ d'honneur comme général commandant la 12e D. I.)
Colonel Schuhler. Du 25 mai 1916 au 17 juillet 1918.
Colonel Bertrand. Du 20 juillet 1918.

IV. — COMMANDANTS DE L'ARTILLERIE DIVISIONNAIRE

Lieutenant-colonel Ducros. Du 18 août 1914 au 18 mai 1916.
Lieutenant-colonel Martin. Du 18 mai 1916 au 15 juillet 1916 (mort au champ d'honneur).
Colonel Maloigne. Commandant l'A. D. du 21 juillet 1916.
Lieutenant-colonel Strickler. Commandant le groupement de l'artillerie de campagne (5e groupe d'Afrique) du 25 janvier 1917.
Chef d'escadron Enchéry, commandant le 8e groupe du 112e régiment d'artillerie lourde. Du 27 décembre 1917.

V. — COMMANDANTS DE RÉGIMENTS

LÉGION ÉTRANGÈRE

2e RÉGIMENT DE MARCHE DU 1er ÉTRANGER

Colonel Pein. Du 14 septembre 1914 au 7 mars 1915 (mort au champ d'honneur comme commandant de la 1re brigade marocaine).
Lieutenant-colonel Cot. Du 8 mars 1915 au 11 novembre 1915.

2e RÉGIMENT DE MARCHE DU 2e ÉTRANGER (1)

Colonel Lecomte-Denis. Du 10 décembre 1914 au 25 septembre 1915.
Lieutenant-colonel de Lavenne de Choulot. Du 19 octobre 1915 au 11 novembre 1915.

RÉGIMENT DE MARCHE DE LA LÉGION ÉTRANGÈRE (2)

Lieutenant-colonel Cot. Du 11 novembre 1915 au 15 février 1917.
Lieutenant-colonel Duriez. Du 16 février 1917 au 17 mars 1917 (mort au champ d'honneur).
Lieutenant-colonel Rollet. Du 30 avril 1917.

4e TIRAILLEURS

Colonel Muller. Du 2 août 1914 au 29 septembre 1914 (mort au champ d'honneur sur l'Yser comme commandant de brigade).
Lieutenant-colonel Daugan. Du 30 septembre 1914 au 19 janvier 1916.
Lieutenant-colonel Maurice. Du 30 janvier 1916 au 22 février 1916 (mort au champ d'honneur comme commandant du régiment de tirailleurs marocains).
Lieutenant-colonel Dardenne. Du 25 février 1916 au 28 juillet 1916.
Lieutenant-colonel Aubertin. Du 28 juillet 1916.

7e TIRAILLEURS

Lieutenant-colonel Lévèque. Du 14 octobre 1914 au 30 décembre 1914.
Lieutenant-colonel Demetz. Du 27 janvier 1915 au 6 février 1916.
Lieutenant-colonel Schuhler. Du 12 février 1916 au 17 mai 1916.
Lieutenant-colonel Schultz. Du 17 mai 1916.
Lieutenant-colonel Mensier. Du 3 juin 1918.

---

(1) Arrivé à la D. M. le 10 juillet 1915.
(2) Fusion des deux régiments Étrangers en novembre 1915.

8e ZOUAVES

Lieutenant-colonel Modelon. Du 1er octobre 1914 au 20 mars 1916.
Lieutenant-colonel Auroux. Du 20 mars 1916 au 27 septembre 1916.
Lieutenant-colonel Lagarde. Du 27 septembre 1916.

12e BATAILLON DE CHASSEURS MALGACHES

Chef de bataillon Hippeau. Du 7 juillet 1918.

BATAILLON DE LÉGION RUSSE

Colonel Gothoua,
Chef de bataillon Tramuset. Du 11 août 1918 au 3 septembre 1918 (mort au champ d'honneur).
Chef de bataillon Durand. Du 4 septembre 1918 au 25 décembre 1918.

VI. — COMMANDANTS DE LA CAVALERIE DIVISIONNAIRE

Chef d'escadrons Bardet, 9e chasseurs. Du 18 août 1914 au 28 novembre 1915.
Chef d'escadrons Guespereau, 9e chasseurs. Du 28 novembre 1915 au 18 février 1916.
Lieutenant-colonel Choulet, 10e dragons. Du 18 février 1916 au 4 août 1916.
Colonel Clouzet, 5e chasseurs d'Afrique. Du 4 août 1916 au 5 février 1917.
Chef d'escadrons Martin. Du 12 septembre 1916.
Chef d'escadron de Loustal. Du 13 août 1918.

ESCADRILLE B. R. 104

Capitaine Aron. Du 12 février 1918 au 18 juillet 1918 (mort au champ d'honneur).
Capitaine Chatel. Du 22 juillet 1918.

VII. — CHEFS DE BATAILLON COMMANDANT LE GÉNIE

Chef de bataillon Chastel. Du 18 août 1914 au 17 octobre 1915 (mort au champ d'honneur).
Chef de bataillon Ribot. Du 20 novembre 1915 au 4 février 1917.
Chef de bataillon Ferrier. Du 15 février 1917.
Chef de bataillon Dreux. Du 21 septembre 1918.

VIII. — MÉDECINS DIVISIONNAIRES

Médecin principal Baur. Du 18 août 1914 au 7 septembre 1914 (mort au champ d'honneur).
Médecin principal Spillmann. Du 7 septembre 1914.

IX. — SOUS-INTENDANTS

Sous-Intendant militaire Lippmann. Du 18 août 1914 au 26 octobre 1916.
Sous-Intendant militaire Muttelet. Du 26 octobre 1916.

X. — PAYEUR PARTICULIER

Payeur particulier Bouteiller. Du 18 août 1914.

XI. — PRÉVOT

Capitaine Eyt-Dessus. Du 18 août 1914.

IMPRIMERIES = REUNIES
PARIS = NANCY

www.ingramcontent.com/pod-product-compliance
Ingram Content Group UK Ltd.
Pitfield, Milton Keynes, MK11 3LW, UK
UKHW021052200726
13857UKWH00003B/899